大杯咖啡经济学

价格与生活的经济学

[日]吉本佳生◎著　朱悦玮◎译

スタバでは
グランデを買え!
—価格と生活の経済学

中信出版集团 · 北京

图书在版编目（CIP）数据

大杯咖啡经济学：价格与生活的经济学 /（日）吉本佳生著；朱悦玮译 . -- 北京：中信出版社，2019.3
ISBN 978-7-5086-9860-1

I. ①大… II. ①吉… ②朱… III. ①经济学－通俗读物 IV. ① F0-49

中国版本图书馆 CIP 数据核字（2018）第 274763 号

大杯咖啡经济学——价格与生活的经济学

著　　者：[日] 吉本佳生
译　　者：朱悦玮
出版发行：中信出版集团股份有限公司
（北京市朝阳区惠新东街甲 4 号富盛大厦 2 座　邮编　100029）
承 印 者：北京诚信伟业印刷有限公司

开　　本：880mm × 1230mm　1/32　　印　　张：7.75　　字　　数：160 千字
版　　次：2019 年 3 月第 1 版　　印　　次：2019 年 3 月第 1 次印刷
京权图字：01-2011-2600　　广告经营许可证：京朝工商广字第 8087 号
书　　号：ISBN 978-7-5086-9860-1
定　　价：59.00 元

目　录

引 言

新通货膨胀时代的省钱经济学

商品相同但售价不同的例子比比皆是

每天我们都在不停地消费着各种各样的商品和服务。尤其在当今社会，无论食品还是服装，日用品还是家用电器，我们不费吹灰之力就可以买到各种各样的商品。

我们的消费生活是丰富多彩的，不过，在我们的日常生活中，消费同样商品和服务的比例却占了绝大多数。比如说一个普通的工薪族，总是乘坐同一车次的电车，购买相对固定的报纸和杂志，到常去的饭店吃午餐，就连晚上喝的啤酒也总是那一个牌子，这样的例子屡见不鲜。

我也是一样。我最常买的典型商品就是瓶装茶饮料，基本上每天都要喝 2~3 瓶，不是在便利店就是通过自动贩卖机购买。有的时候，我还会在超市和百元店里购买。虽然我是在大学教授经济知识方面课程的经济学专家，可是对于每天购买的茶饮料的价格却从来没有在意过，同样品牌同样 500ml 的茶饮料，我既买过贵的，也买过便宜的。

自动贩卖机上 150 日元的瓶装茶饮料我买过，便利店里 147 日元的我买过，百元店里 105 日元（含 5 日元消费税）的买过，超市特价 88 日元的我也买过。另外，大学校园里自动贩卖机上我常喝的这种茶饮料的价格是 140 日元。超市里面有卖 95 日元、98 日元和 105 日元的，便利店之中还有卖 125 日元的。当然也有百元店含税在内只卖 100 日元的。

明明是同样的茶饮料，为什么售卖的价格会出现如此大的差异呢？

这个原本在超市里只要 88 日元就能够买到的茶饮料，为什么还有那么多人要特意花上 150 日元或者 147 日元的高价在自动贩卖机和便利店里购买呢？尤其是像我这样每天都要购买这种茶饮料的消费者，有时以高价购买，有时又以低价购买，这种行为很明显是非理性的。

本书所要讨论的核心问题之一，就是为什么同样的东西却能够卖出不同的价格。实际上，前文中所提到的价格差异现象，都可以用“成本”来阐明。因为我们绝大多数人所做出的决定都具有一定的合理性，简单地说，那些选择在自动贩卖机上花费 150 日元购买茶饮料的人，一定是认为与前往超市购买特价 88 日元的同种商品相比，这种方法对他来说更加节约成本。

我想一定会有读者产生这样的疑问，购买特价 88 日元的茶饮料可以说是节约成本，花费 150 日元购买同种商品怎么能说是节约呢？确实，我们在购买商品的时候所支付的金钱，是我们消费生活中一个非常重要的成本指标，但除此以外，我们在购物的过程中还需要消耗许多其他成本，比如时间与精力，这些也都是我们付出的巨大成本。

很多上了年纪的人，就很少去买茶饮料。自己在家泡茶，只要有热水和茶叶就足够了。500ml 的茶水只要花费区区几日元（最多十几日元）就可以喝到。而那些不愿意花费时间亲自泡茶的人就只能选择购买茶饮料了。所以从这个角度考虑，与其说我们买的是茶，不如说我们买的是“帮助我们节省下烦琐泡茶过程的服务”。

要是一个爱吃螃蟹的人在市场上看到既新鲜个头又大的多罗波蟹标价 1 万日元的话，一定会满心欢喜地买下来。虽然这种高级食材标价 1 万日元也没什么不妥，但要是自己能够潜入海底去抓，那里面的螃蟹可全都是免费的。当然让一个普通人去抓多罗波蟹，确实要费很大一番功夫……所以，在购买螃蟹的时候所支付的 1 万日元，完全是对于将新鲜的螃蟹捕捉上来并趁着新鲜劲儿运输回来，然后保持着螃蟹的新鲜状态将它摆在市场上直到我们将其买走的这个过程所付出的等价报酬。

茶水也是一样，如果你亲自去深山之中打来泉水，用自己院子里种的茶叶来泡茶的话，虽然很费劲，但这一切都是免费的。所以，我们购买茶饮料的时候所支付的各种价格，可以说都是为这些过程付出的等价报酬。同样的道理，你买回茶叶用家里的开水泡茶的时候，买茶叶所支付的钱和自来水的水费，都可以看作是为烦琐的过程所付出的等价报酬。

我们和家人外出郊游的时候，想要喝茶的话，与自己准备茶水随身携带所消耗的体力和精力相比，直接购买瓶装茶饮料很明显更加节约成本。在这种情况下，事先在超市购买特价 88 日元的茶饮料，然后随身携带是一种办法，而对此也感觉麻烦的人（茶饮料确实很重），只能选择随时通过自动贩卖机来购买。

绝大多数人对于自己日常生活中经常购买的商品的价格，比如哪家价格高，哪家便宜，都会有一定程度的了解。与此同时，他们也会考虑应该在什么时候购买多少，才能够尽可能地将时间和精力的消耗控制在最低程度。在日常生活中经过多次失败的尝试后，他们最终会找到一个在价格成本和时间成本上最经济的购买方式。

所以，即便是知道这种茶饮料在超市特价卖 88 日元的人，也可能在自动贩卖机上花费 150 日元购买，因为他们在潜意识中（人与人不同，也会有很清楚地意识到这一点的人）做出这样的判断：与随身携带饮料相比，在偶尔想喝的时候去最近的自动贩卖机上购买饮料所节省的成本（时间和精力），要大于随身携带饮料所花费的成本。

随身携带饮料所消耗的成本，随情况不同也会产生完全不同的价值评判。所以当完全不觉得随身携带饮料有什么不妥的时候（认为这种做法成本很低），就会选择事先在超市购买特价 88 日元的茶饮料了。但即便这个人有时候通过自动贩卖机购买了茶饮料，也不能说他的这种行为是不合理的，因为有可能在那种情况下，他认为从家里携带饮料的成本要高于通过自动贩卖机直接购买的成本。

而销售茶饮料的商家也了解顾客这种由于情况的不同而肯花高价进行购买的行为，所以不同的店铺也会通过不同的定价来销售。于是，就会出现同样的茶饮料，在10分钟路程的范围内，在不同店铺和自动贩卖机上会分别以不同的价格销售，同时也会有不同的人购买的情况。

比如说，我家旁边有一家24小时营业的超市，它常年销售一款著名品牌的茶饮料，只要98日元，但就在它门前的自动贩卖机上同一款茶饮料的售价却高达150日元，结果仍有很多人通过自动贩卖机购买。在本书的第一章，我会对这一现象进行详细说明。

商品不同售价却相同的最佳例子

前文我们一起思考了同样的商品以不同的价格销售的例子，相反，还有不同的商品以同样的价格销售的例子。

将不同的商品以同样的价格销售的最佳例子就是百元店“所有产品售价均为100日元”。在本书中就举了百元店的例子。只要100日元（含税105日元）就能买到店内任何商品，可以说充分发挥了100日元的购物威力，这种销售方式深受消费者的喜爱。

从店方的角度考虑，为了将吸引人的商品全部以100日元的价格销售，就必须彻底削减成本。所以，一家小小的百元店里面隐藏着本书中最重要的概念——成本的秘密。百元店的商品为什么能够这么便宜，我将在第六章做详细阐述。

另外，由于我经常去星巴克喝咖啡，在看价目表的时候发现了一个问题（这里的价格，以2007年5月末的价格为准）。

星巴克有很多种饮品，根据容量的不同分为小杯、中杯、大杯（当然也有固定容量的饮品）。其中大杯的容量为480ml，是小杯容量240ml的两倍。

可是，在能够选择容量的饮品中，所有小杯与大杯之间的价格差正好都是100日元。不管是小杯280日元的咖啡也好，还是小杯380日元的热巧克力也罢，这些饮品的大杯都只比小杯高100日元。

小杯240ml价格280日元和380日元的饮品，很明显是不同的商品。当变为大杯之后又增加了240ml的量，而价格却都增加了100日元。当我们把注意力放在这增加的240ml上时就会发现，本来价格不同的两种饮品，却卖出了相同的价格（100日元）。这是为什么呢？

本来，不管是280日元还是380日元的饮品，只要多花100日元就能够追加原来一倍的容量，这对消费者来说已经是很大的实惠了。一般来说，像星巴克这样在各地都有连锁店的大型集团，它在任何一个地区都以统一的价格销售（麦当劳则在2007年夏季开始采取地区不同定价也不同的策略）。不管是地价最高的东京的繁华商业街，还是偏远地区的小角落，星巴克的咖啡都统一售价。如果在高地价的店铺中，顾客们都点大杯饮品的话，那么星巴克还能赚这么多钱吗？

也许有人认为，充满小资情调的星巴克最吸引女性顾客，而女性顾客一般不会点大杯饮品，所以应该没有问题吧。但实际上，以位于东京中心地区写字楼附近的星巴克为例，在作为主要消费群体的女性顾客（以白领女性为主）之中，也有很多人选择大杯饮品，甚至还有人会点比大杯 480ml 更大的特大杯 600ml。位于市中心的星巴克，不但地价高，顾客还都点实惠的大杯，这样看来，星巴克的利润率恐怕很难有所提升。

但实际上，星巴克的咖啡定价却是非常合理的。而且，在市中心点大杯饮品的女性顾客，比点小杯饮品的顾客给店铺带来的利润更多。关于这一点，将在本书的第五章加以论证。

除此之外，本书还介绍了电视与数码相机越来越便宜的理由（见第二章）。在我们购买手机的时候，往往需要在丰富多彩的资费套餐中选其一，还要判断其是否经济实惠。我将向大家介绍那些隐藏在这些非常微妙的资费制度背后的移动通信公司真正的目的（第四章和最后一章）。

卖座电影的数字激光视盘（DVD）、汽油、家具和外卖等这些与我们的生活息息相关的消费品，我也将为大家逐一进行分析（见第三章）。还有针对大家经常讨论的收入分配差距问题，以及一个人的能力、相貌与学历对收入究竟有怎样的影响等问题，都会在本书中进行深刻的探讨（见第七章）。最后我会向大家解释政府主导的经济行为很容易产生赤字和造成浪费的原因（见第八章）。

读者在看到本书目录的时候，也许会感觉各个章节的主题很散乱。但实际上，这本书的一切观点都是从成本（特别是时间成本和精力成本）的角度出发，对我们生活中的价格问题进行分析。希望通过这本书，能够切实地为大家解决消费生活中一些经常出现的问题。

另外，在本书的写作过程中，我得到了来自各界人士的许多帮助。特别是 2007 年 3 月之前在名古屋市立大学攻读经济学研究生学位的两名留学生，他们对我的写作提供了非常大的帮助。张妙妙同学帮我在中国各地取材并整理了最新资料，李盛君同学为我翻译了中国商业类杂志上的相关内容。还有南山大学经济学部参加我学习班的 3 位学生——玉置美纪、山田睦美和丹羽沙希子，她们帮助我收集并整理资料，还帮我通读了原稿。对这 5 位同学我表示最诚挚的感谢。

我之所以能够在专门负责为百元店配送商品的物流中心取材，完全得益于身为 Shinwa-Active 株式会社社长的吉本英雄叔叔对我的鼎力支持。特别感谢在百忙之中为我大开方便之门的叔叔，以及在现场教会我很多东西的 Shinwa-Active 株式会社的诸位同仁，再次向他们致以最崇高的谢意。

我带孩子考希去的店铺所提供的服务也作为素材应用在这本书中。读者可以在里面看到很多与我家人的工作和生活相关的内容。在此，对我的家人表示感谢。

如果读者感觉此书通俗易懂，那多亏了钻石社第三编辑部的加藤嘉一所提出的宝贵建议。如果其中还有大家觉得难以理解的地方，那都是因为我的水平有限，在此先向大家说声抱歉。

向在本书写作过程中过世的父亲吉本正纯表示最深切的悼念。

吉本佳生

第一章

应该在超市还是在便利店购买瓶装茶饮料？

——套利与交易成本对价格差值的影响

商品一样售价却不同是因为存在“交易成本”

关于我在前文中提到的瓶装茶饮料，同样的商品能够在不同的店铺里和自动贩卖机上以不同的价格销售的原因，我们来更加详细地分析一下。

同一家公司出品的同一品牌的 500ml 茶饮料，销售价格从 88 日元到 150 日元不等。88 日元是超市的促销价，150 日元是自动贩卖机的售价，百元店的价格是 105 日元（不含税的话就是 100 日元），便利店的则是 147 日元。实际上，还有更多不同的价格。

另外，作为日本零售业价格标准制定者的便利店巨头 7–11 便利店，从 2005 年 9 月起，将其店内销售的多种知名品牌的 500ml 茶饮料的售价下调至每瓶 125 日元。随后 7–11 便利店于 2006 年 11 月在所有的连锁店铺内推出同等容量的自有品牌茶饮料，但售价只有 98 日元，并且将饮料区其他同类产品的售价维持在 147 日元。

虽然会有人在不同的地方以不同的价格购买同一种商品，正因为

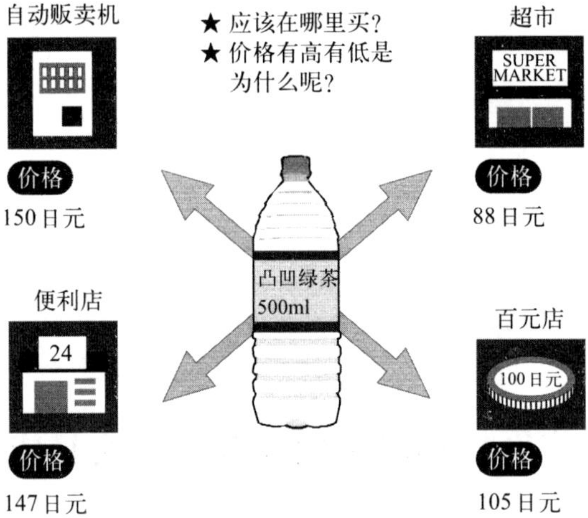

图1-1　瓶装茶饮料的价格

如此才会出现前文提到的那种销售行为，但是对这种将同样的商品以不同的价格销售的行为进行具体分析，大致可以分为两种情况。

第一种情况，确实有同样的东西以不同的价格进行销售，关于这种情况我随后再分析。第二种情况是看上去相同的东西，实际上却是不一样的。

让我们从第二种情况开始进行说明，比如说看上去完全一样的同品牌茶饮料，在超市和百元店销售的是常温的，而自动贩卖机和便利店销售的则是冷藏的，所以在增加了“冷藏”服务之后，这两者之间的价格差异也就体现出来了。同时自动贩卖机和便利店还销售附加了“加热”服务的茶饮料。

正如本书开头所提到的那样，我们在购买茶饮料的时候，与其说支付的是茶饮料的价格，不如说是为劳动成本所支付的等价报酬。也就是说，因进行冷藏与加热而增加了成本的茶饮料售价更高，这没有任何值得奇怪的地方。虽然看上去好像是同样的东西卖出了不同的价格，但实际上却是不同的东西，所以价格不同也是理所当然的。

不过，现在在日本百元店和超市里面也有冷藏后的茶饮料销售了。但实际上，那些都是临近保质期的商品，关于这部分内容我将在第六章加以阐述。现在我们只考虑保质期相同而且同样是冷藏后的茶饮料，也就是说，真正是完全一样的茶饮料却以不同的价格进行销售的情况。

完全一样的商品却能以不同的价格销售的原因只有一个，那就是：交易成本。在现实生活中，我们买东西需要消耗很多成本，这些成本统称为“交易成本”。从家里前往买东西的地方需要消耗“时间”和“精力”（在本书中，将时间与精力的消耗统称为劳动成本），如果乘巴士或者电车还要支付交通费，自己开车去的话要花油费。这些行为都伴随着“额外的金钱支出”。

虽然我们没有直接从钱包里掏钱，但是因为有“其他资产的使用”，我们仍然要承担这部分费用。比如说虽然骑自行车购物不必支付交通费，但是长时间的骑行会造成自行车轮胎的磨损，这也是一种成本。

而且在购物的时候“心理上承受的负担”同样不可忽视。就算你知道A店的东西比B店更便宜，但是正当你打算去A店的时候，身为熟人的B店店长却向你打了声招呼，因为不能无视对方的寒暄而去A店购物（为了避免心理上的负担），所以最后只好在B店购买了商品。

像这些“时间与精力（劳动成本）、额外的金钱支出、其他资产的使用、心理负担”等在购物时需要付出的代价，被称为**交易成本**。它意味着我们在各种各样的经济活动中，除了需要为商品和服务付款之外，还要付出更多的代价。

但是，交易成本只是一个相对的概念，即便对于同一种交易，因为看问题的角度不同也会有不同的解释。比如说，当你网购一种商品的时候，运费500日元需要另行支付。这500日元如果以店家和你之间进行的商品交易为中心来看的话，它属于交易成本的一部分。但是，对于快递公司来说，这500日元是他们将这件商品送到你家的配送服务的价格，如果以配送服务交易为中心来看的话，这笔钱就成了配送服务费，而不能算交易成本。

交易成本还包括为了获得“信息”需要支付的成本。为了尽可能买到物美价廉的商品，我们会收集并分析各种信息。在我们收集信息进行购买决策的过程中所消耗的成本，以及店家为了把这些信息传达给我们所消耗的成本，都属于交易成本。而且，这些都是在“交易前”所需要付出的代价。

其他的“交易前成本”还包括，对有可能产生负的外部性的消费活动所进行的前期协调的成本。比如说你住在一个公寓里面，想要养一只宠物，需要事先调查一下周围的邻居对此事都有什么意见，调查所需要耗费的劳动成本也是交易前成本。

当然“交易中”也有成本消耗，比如讨价还价、签订契约、最终结算这些环节都需要消耗成本。商品搬运时的运输成本、税金以及手续费等，也都属于交易中成本。那么“交易后”的成本又包括什么呢？比如说我们买的方便面，需要自己用热水泡好，如果里面有小叉子，还需要自己拼装起来使用。吃完方便面之后，将包装袋之类的垃圾扔掉也需要付出劳动成本。像这样将买来的商品消费掉（或者说从消费前的准备开始直到扔掉消费后的垃圾）的过程中所消耗的成本，就是交易后成本。

我曾经有过网购的鞋子因大小不合适而调换的经历，在调换过程中所付出的劳动成本和邮费，都是商品的不合适导致消费后产生的交易成本。

另外，你去商店的途中付出的成本，与你讨价还价时付出的劳动成本，既可以看作交易中成本，也可以看作交易前成本。交易前、交易中、交易后的时间界限，实际上并不是要特别明显地区分开来的。

还有，为了在购买操作复杂的电器之后不在遥控器和控制面板上浪费太多时间，我们通常都会在购买前就查阅相关的资料。这种做法，就属于将交易后的成本转移到了交易前。

如果交易成本不存在，套利会使同种商品的价格相同

在我家附近一家 24 小时营业的超市里，某知名品牌 500ml 瓶装茶饮料，冷藏的仅售 98 日元，而且就在一进门的地方摆放着。而在

这家超市门口的自动贩卖机上，完全一样的茶饮料却标价 150 日元。我试着在两个地方分别买了一瓶，发现保质期也差不多。

如果在我们面前同时摆上两瓶完全一样的茶饮料，一瓶只要 98 日元，另一瓶则卖 150 日元，在这种情况下相信没有人会买 150 日元的那瓶吧。因为购买摆在眼前的商品，劳动成本基本为零，同样的商品还有价格差异的话，那价格高的根本卖不出去。

也许会有比较怪的人，认为“98 日元这么便宜肯定有问题”，于是选择购买 150 日元的那瓶。在这种情况下，150 日元的茶饮料就被赋予了“价格高，所以质量可靠”的安全感，对于那个人来说这原本相同的两瓶茶饮料就属于不同的商品了。或者说，这个人对于价格过低的商品伴有不安的心理成本（交易成本的一种）。另外，还有一些特殊的人就为了让店铺多赚点钱而买 150 日元的，这样 150 日元的茶饮料里面又包含了“慈善”的附加值，进而变成了和 98 日元的茶饮料不同的商品。

如果消费者掌握的信息正确，知道这两种商品是完全一样的，那么在没有交易成本的情况下，没有人会花 150 日元购买花 98 日元就能买到的东西。所以，当同时存在这两种商品的时候，最终的结果只能是以同样的价格进行销售。

可是为什么同一种茶饮料在超市只要 98 日元，而在超市门前的自动贩卖机上标价 150 日元也依旧有人买呢？我们假设在自动贩卖机上购买茶饮料的两个人分别是太郎和花子。太郎从来没在这个超市买过东西，所以并不知道超市里也卖这种茶饮料，而且他认为特意去调查超市里面的商品价格很麻烦，所以每次都在自动贩卖机上花 150 日元购买。也就是说，因为在交易前前往超市调查价格需要消耗成本，所以 150 日元的茶饮料才能够卖得出去。

而花子在这个超市买过东西，知道超市里同样的茶饮料只要 98 日元就可以买到。同时，她也知道这家超市临近地铁口，收银台前经常排队。虽然花子经常在超市购买 98 日元的茶饮料，但是因为今天急着赶地铁，没有时间在收银台前排队，所以只好在自动贩卖机上花 150 日元买了一瓶。

在这种情况下，因为交易中出现了排队时间这项交易成本，而且对于赶地铁的花子来说，时间成本相当高，所以 150 日元的茶饮料也能够卖出去。

另外，还有那些认为特意去一趟超市却只买一瓶茶饮料的行为有些难为情的消费者，对于这些人来说，就算知道超市里的茶饮料只卖 98 日元，他们有时候也会选择在自动贩卖机上购买 150 日元的。像这种情况，就是心理负担在交易时变成了交易成本。

由于交易后成本较高而对价格造成较大影响的情况，一般不会发生在茶饮料上，我们不妨看看下面这个例子。

我们在购买家电产品的时候，经常会担心购买后出现问题，或者购买后不会操作。虽然很多厂商都会提供售后服务来为顾客解决这些问题，但客服电话打不通或者打通了之后对方的态度很恶劣的情况也是屡见不鲜的。在解决这些问题的过程中所消耗的时间和精力也是一种交易成本。

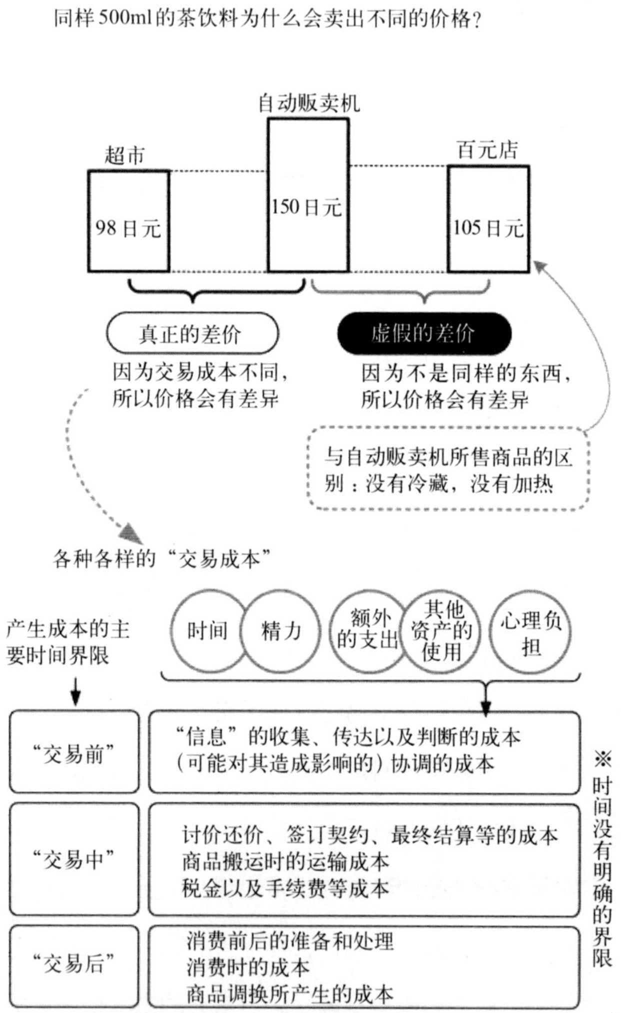

图1–2　价格差异与交易成本

比如说，一个人有一台X公司生产的电脑，现在他打算买一台新电脑来淘汰这台旧的。刚好市场上有两款性能完全相同的电脑，只是生产厂商不同，X公司生产的电脑售价15万日元，Y公司生产的售价14万日元。因为知道这两款电脑性能完全相同，一般来说应该购买价格比较便宜的Y公司生产的电脑，可是因为这个人之前使用过X公司生产的电脑，而且对X公司的售后服务十分满意，所以他很有可能花高价来购买X公司的电脑。

如果考虑到购入后的交易成本，这个人购买高价电脑的行为就是合理的。这种情况就是因为有交易后成本的存在，所以才导致差价的产生。

那么，让我们假设不管进行什么样的交易，都不会产生交易成本。在这种情况下，会出现一种能够使“同样的东西价格相同”的强大力量。

比如说，同一种茶饮料，C店卖100日元，D店卖98日元。如果交易成本为零，那我们就可以进行如下操作。从D店购入98日元的茶饮料，然后拿到C店门前以99日元的价格出售。因为比C店的售价低，茶饮料很快就会被卖光。就算以和C店相同的100日元进行销售，早晚也能够卖光。将98日元买来的商品以99日元或者100日元的价格进行销售，这其中的差价（1日元或2日元）是肯定能够赚到的部分。虽然一瓶只赚1~2日元，但如果数量巨大的话，那也是不小的利润。

在经济学上，将这种行为称为**套利**或者**套利交易**。所谓套利，是指在同一段时间内相同商品以不同价格进行销售的情况下，利用两者之间的差价赚取利润的交易行为。以较低的价格买入，然后以较高的价格卖出，从理论上来讲，差价的这部分利润是保证可以赚到的。

而且，当套利充分发挥作用时，同样的商品价格也会变得相同。比如在C店花100日元购买茶饮料的顾客，为了追求更便宜的价格会去D店购买98日元的同种商品，而C店因此不得不将自己的商品价格也降到98日元，那么这就是套利的一种表现。

与理论不同的是，在现实中，套利并没有时刻发挥作用，同样的东西依旧能够以不同的价格进行销售，这是因为有交易成本的存在。将瓶装茶饮料从一家店买入再拿到另一家店门前卖出的过程需要消耗时间和精力，想要大量贩卖的话还需要消耗其他成本，由此产生的交易成本如果大于可能获得的利润，就没有人会那样做。也就是说，正因为有各种各样的交易成本存在，才使得茶饮料能够在不同的店铺以不同的价格销售。

在交易成本接近于零的地方，当出现价格差异的时候，套利便会立刻发挥作用，最终将同样商品的价格也变得相同。特别是在金融领域，只要金融机构稍微操作一下电脑，就可以十分简单地完成巨额资金的流动。当金融机构进行股票和外汇交易的时候，交易成本几乎可以忽略不计，在这种情况下可以轻松实现套利。因此，当你对股价、利息和外汇市场是由什么决定的、以什么样的机制进行运作加以分析的时候，套利的思维方式是非常重要的。

在套利发挥作用的情况下，同样的商品价格也会变得相同。但是在我们的生活中，同样的商品却因为地点的不同而以不同的价格销售，这都是因为交易成本的存在使得套利无法实现。从更广泛的意义上来讲，一切价格都可以通过交易成本的概念进行说明。

同类店铺应该开在住宅区的什么位置？

接下来，让我们站在商家的角度分析一下在经营中应该采取的策略。如果商家希望来自己店铺的顾客络绎不绝，首先应该考虑的问题就是尽可能减少来店顾客的交易成本。

销售商品的时候，如果降低价格，在某种程度上能够使光顾的顾客增加一些。但是，单纯的降价也会减少每一件商品的利润。而顾客在进行消费的时候所消耗的交易成本并不只是其购买的商品的价格，他们所消耗的时间也是交易成本。正如之前所说的，对绝大部分人来说，不管他们对交易成本有没有明确的认识，都会采取尽可能减少“购买商品的价格和交易成本”的行动。

因此对于商家来说，如果能够在减少顾客的交易成本上下功夫，即便不降低商品的价格，也能够增加前来消费的顾客人数。与单纯地降低售价相比，这种方法对商家提高利润更有帮助。

但是在现实中，商家采取的手段可以说是多种多样的。有些商家通过混淆价格的策略，让顾客无法做出正确的判断，从而使顾客虽然付出了较高的交易成本，商家依旧能够从中赚取利润。关于这一部分的详细内容，我将在第四章中以手机话费为例做详细说明，现在我们先针对商家降低顾客交易成本的做法来进行分析。

作为购物时的交易成本，大部分消费者最重视的首先是来回路上所消耗的劳动成本（时间与精力）和交通费；其次是收集例如哪家店最便宜、商品品质最好、品种最多等信息所消耗的成本。接下来，我们先针对第一种情况所需要付出的交易成本来考虑商家应该采取怎样的对策。

图 1–3 是需要读者朋友们思考的问题，请大家看完问题之后进行思考。

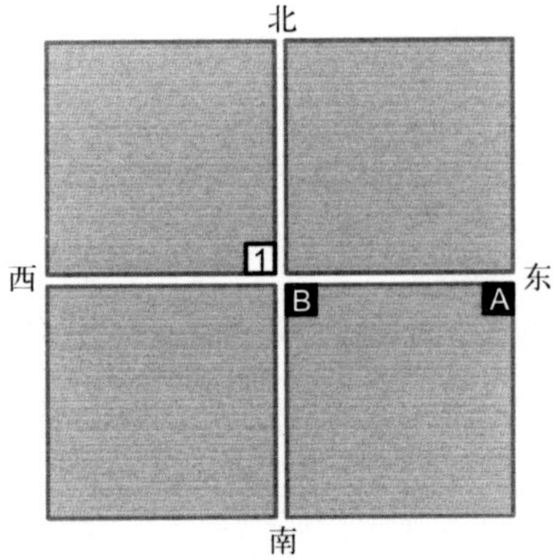

前提1：住宅平均分布

前提2：居民会选择离家较近的店铺

图1–3　如何招揽尽可能多的顾客

有一片如图所示的住宅区，两条道路在中间交汇。

之前在这片住宅区的周边一直都没有家电超市，但现在于中心处（图中 1 所示的地点）开设了第一家家电超市。

随后，另一家家电超市也打算在此开张，地点准备在图中的 A 和 B 处选择其一。

【问题】如果你是超市老板，你认为第二家店开在什么地方合适呢？

那么，同行竞争的第二家家电超市，应该在图中的 A 或 B 哪一个地点开设呢？同行竞争的家电超市集中在一处的现象，在日本很常见。最具代表性的例子就是东京的秋叶原。了解这一情况的人，也许直觉上会选择 B 作为新店的店址。对，B 就是正确答案。那么，为什么会出现这种家电超市集中在一起的现象呢？接下来我将从交易成本的角度进行说明。

首先，让我们用图 1–4 来进一步加以分析。这次的问题是，居民会选择距离住所较近的店铺。在第一家店铺已经于图 1–4 中 1 的位置（也就是中心地段）开设的情况下，竞争店铺如果选择在 A 处开设，那么将以图中线 1 为界，只有居住在线 1 右侧的居民会光顾。虽然获得了这片住宅区 25% 的顾客，但剩下 75% 的顾客则全都被位于中心地段的家电超市抢走了。

对于家电超市来说，顾客人数是非常重要的，关于这一点将在第二章详细说明。顾客越多，家电价格就可以越便宜，从而在价格方面占据优势，继而吸引更多的顾客来到你的商店，产生良性循环。虽然我们在这里并没有考虑商品之间的差价，但即便考虑到这一点，选择能够尽可能多地招揽顾客的地点开设店铺仍然是非常重要的。

也就是说，在图 1–4 中的 A 处开设店铺，是无法战胜位于中心地段的家电超市的。越靠近中心地段，获得的顾客越多，比如图 1–4 中的 C 处。如果第二家店选择在 C 处开设的话，那么就能够招揽以线 2 为界右侧的顾客。因为居住在线 2 右侧的顾客，与前往中心地段的超市相比，距离C处的店铺更近。

由此可见，与在A处开设店铺相比，选择C处开设店铺能够获得更多顾客。也就是说，越接近中心地段，所能够获得的顾客越多。因此，选择中心地段之外的地点开设店铺，将被位于中心地段的家电超市夺走超过半数的顾客，在顾客数量的竞争中处于不利地位。虽然有可能在其他方面更优于竞争对手，从而吸引更多顾客，但地点的不利因素常常是商家在竞争中失利的一大要因。

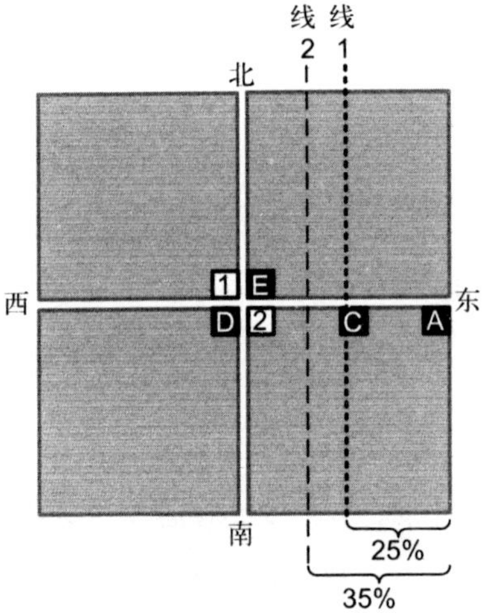

图1–4　同行业店铺集中的原因

因此，为了不在地点上处于劣势，第二家店铺也应该选择开设在中心地段，与第一家店铺展开竞争。这样一来，不但可以得到50%的顾客，如果在其他方面做得比第一家店铺更好，甚至有可能把全部居民都变成自己的顾客。如果是竞争意识强且信誉好的店铺，一定会选择开设在中心地段。

假设又有竞争店铺出现。在这种情况下，我们就需要注意消费者购物时的另一项重要的交易成本——信息收集成本。

在第一家店和第二家店都开设在中心地段的前提下，如果出现第三家店铺应该开设在什么地方呢？如果第三家也开设在中心地段，那么三家店铺互相竞争，每家只能分到33%左右的顾客。与此相比，如果选择在C点开设店铺，那么看上去似乎可以获得35%的顾客。

但是，如果考虑到顾客的信息收集成本，那么在中心地段已经有两家店铺的前提下，再选择A或C这种远离同类店铺集中地的地点开店，并非明智之举。现在让我们假设第三家店铺选择在C点开张。

如果居住在附近的居民只想要购买店中的某件商品，他们会选择距离较近的C点店铺进行购买。但是，也会出现想要的商品刚好卖完的情况。比如顾客想要购买某厂商生产的紫色数码相机，结果那个颜色的正好卖光了，此时对顾客来说，究竟应该退而求其次买一台蓝色的数码相机，还是等待紫色的相机再次到货，是一个非常令人困扰的问题。因为是很受欢迎的商品，有可能所有的店铺都卖光了，也有可能其他地方还有卖的。

在这种时候，如果选择去中心地段的店铺，就能够非常方便地在两家店之中进行选择，如果两家店都卖光了，顾客也可以很容易做出决定是买蓝色的还是等待紫色的到货。同时还可以对两家店铺的价格进行比较，选择价格更便宜的。

另外，虽然现在互联网上也有专门分析比较价格的网站，可以使消费者足不出户就能够收集信息，但实际上，如果亲自前往家电超市集中的商业街当面和售货员讲价，经常会出现最终的成交价格比网络上的最低价还低的情况。

总之，多逛几家店铺进行比较可以更有效率地获取信息。所以，即便在图 1–4 中 C 点附近居住的居民，从更加容易搜集信息的角度考虑，与前往 C 点的店铺相比，去拥有两家同类店铺的中心地段购物更能够节约交易成本。

如果第三家店的经营者也了解这一原理，那么也会选择将新店开设在中心地段。同样，即便出现第四家同类店铺，选择在中心地段开店的可能性也非常大，即在图 1–4 中的 D 或 E 点开设店铺。这样一来，甚至有可能吸引其他地区的消费者前来这个家电超市竞争激烈的中心地段购买家电。因为来这里的话，出现想买的商品卖光的可能性很小，而且能够在 4 家店铺之中非常有效率地收集信息，还能够比较价格并与店员讨价还价之后再购买。

但在现实生活中，还有许许多多其他的影响因素，远不像前文提到的经济模型那样单纯。比如家电超市之中的领军者亚玛达电器，主要选择在远离住宅区的郊外开设店铺，并取得了非常不俗的业绩。但是最近，亚玛达电器也开始选择在同类店铺众多的市中心和车站周边等地区开设店铺了。另外，还有众多家电超市的郊外店铺都集中在一地的情况。

不只家电超市，某些特定种类的店铺集中在同一个地点的情况，都可以从节约交易成本的角度来解释说明。我居住的名古屋，发生了这样两个例子。

名古屋以拥有众多的咖啡店以及咖啡店的早餐套餐很丰盛而闻名。2006 年 8 月，连锁店遍布全日本的 PRONTO 咖啡进驻名古屋，旗舰店选择开在已经有星巴克、DOUTOR 以及 Cafe de CRIE 店铺的竞争十分激烈的地段。当时报道此事的报纸对 PRONTO 的经营战略的评论是："在竞争激烈的地段更容易凭借服务上的优势取胜。"

2006 年秋，国际著名品牌古驰在名古屋的中心区域开设了一家分店，在这家店铺的附近密密麻麻地分布着 10 多家国际著名服饰品牌店。报纸在报道此事的时候特意引用了已经在该地区开设分店的蒂芙尼经营者的话，"虽然竞争激烈，但众多国际品牌集中在一起更容易吸引消费者"。

竞争对手的主打商品为何会如此相似？

同类店铺喜欢集中在同一区域的现象，也发生在其他领域。接下来，让我们从产品开发和选举这两种活动入手，分析为什么商家经常会推出与竞争公司相似的产品，为什么互相竞争的政党经常采取相似的政策。

请看图 1–5。某食品公司针对消费者购买习惯进行了调查，并将结果以表格形式显示（为了便于说明，此处采用的是虚拟数据表格）。对于食品公司提出的"什么样的口味正好"这个问题，将消费者从"清淡"的口味开始依次分为 11 组，第 11 组的消费者喜欢"最浓"的口味。

不喜欢口味太淡也不喜欢口味太浓的消费者集中在第 5、6、7 三组，其中第 5 组的消费者喜欢偏淡一些的口味，第 7 组的消费者喜欢偏浓一些的。而且第 5、6、7 三组的消费者数量最多，分别为 3 万人。而第 1 组和第 11 组则只有 1 万的消费者。

在这种情况下，我们假设 A 公司首次进行此类商品开发，并且选择口味适中的第 6 组作为主要消费群体。因为 A 公司开发出了适合第 6 组消费者口味的商品，所以这种商品获得了极大成功。看到 A 公司的成功之后，同样想要推出此类产品的 B 公司，则困惑于是应该针对第 1 组消费者还是应该针对第 5 组消费者来进行产品开发。

如果针对第 1 组消费者，就算能够同时获得第 2 组和第 3 组消费者，也只不过拥有 3 万人。如果针对第 5 组，则有可能获得第 1~5 组共 8 万名消费者。所以，应该针对第 5 组消费者进行商品开发。

现实中的厂商，会同时开发多种类型的商品进行销售，虽然针对全部的消费者开发相应的商品是占领市场的最好办法，但其中总会有在开发、宣传和销售上投入特别大的“主打商品”。而且经常出现各个竞争对手的主打商品都很相似的情况。

也就是说，现实中的很多公司，如果站在图 1–5 中 B 公司的立场上，都会选择开发针对第 5 组消费者口味的商品，也就是说开发和 A 公司相似的商品作为主打商品，与 A 公司展开激烈竞争。

那么，如果将上图看作对执政党政策支持度的分布图，我们就能够得出对选举结果有利的分析。比如最左侧的政策重视“改革”，最右侧的政策重视“安定”。虽然选民会对自己的就业机会等出现变动感到不安，但希望能够改革的人还是占绝大多数，所以位于中间区域的第 5、6、7 组的选民一定是最多的。

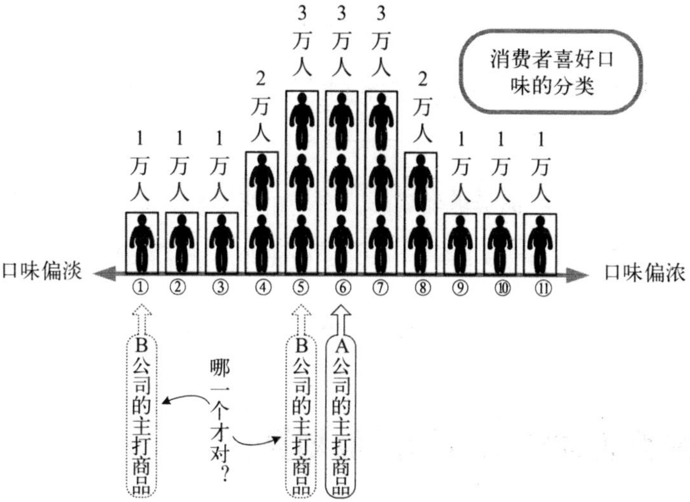

图 1–5　竞争公司的主打商品相似的理由：商品开发竞争

接下来我们假设两大政党在选举中争夺一个席位。政党 A 已经针对第 6 组选民的喜好公布了自己的执政方针。这是最合理的做法。而政党 B 稍微晚了一步，现在面临着究竟应该拉拢第 1 组选民还是第 5 组选民的问题。

另外，任何一个政党都会尽可能公布能够提高自身竞选胜算的执政方针。而对于选民来说，如果有刚好符合自身利益的执政方针出现，那一定会投票支持该政党；如果没有完全合适的政策出现，则会选择支持提出与自身利益相近的执政方针的政党。

这样的话，如果政党 B 针对第 5 组选民提出符合他们利益的执政方针，就能够获得大量的支持者。这是和之前在商品开发的竞争中的 B 公司完全相同的状况。

即便在选民数量上政党 B 与政党 A 相比处于劣势，仍可以通过候选人的个人魅力或者其他选举战术来弥补。但如果推出针对第 1 组或者第 11 组选民的极端的执政方针，那么只能使自己在竞选中更加不利。

虽然现实中的选举更加复杂，但是在两大政党同时争夺一个席位的时候，两者提出的执政方针极其相似的情况却是经常出现的。这是旨在选举中获胜的政党理所应当采取的策略。

在哪类店铺购买日用品最划算？

我近 10 年来居住过的地方，包括现在的家，一共有 3 处，我每次搬家都会选择距离超市步行不超过 5 分钟的地方。因为我希望尽可能节约购物时间，但有时我也会骑车或者开车去离家较远的超市购物，还有时候在下班路上的车站附近买东西带回去。晚上想要买便当和酒还有杂志的话，就会选择在便利店购买。

大家平时都在什么样的店铺里购买日用品呢？生活必需品的购买由家人负责，而自己基本不去购买日用品的读者，请看一下图 1–6 中的例子。

主人公搭乘电车上班，但是从家到车站的这段路要步行。他家里有一辆自行车，所以他可以骑自行车前往车站前的商业街购物。在下班之后，他也可以选择在车站前的商业街或者回家路上的便利店购物。

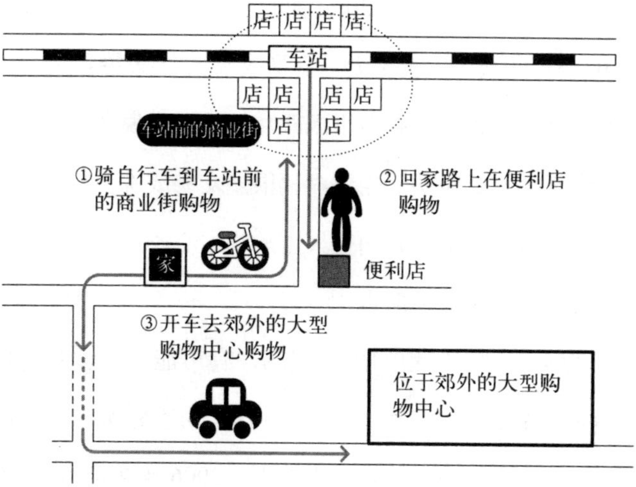

图 1–6 车站前的商业街与郊外的大型购物中心

另外，他家里还有一辆汽车，在距离他家车程 20~30 分钟左右的郊外有一家大型购物中心。周末他可以开车去这家大型购物中心购物。

以前日本没有便利店，也几乎没有大型购物中心，所以很多人都会选择前往车站前的商业街购物。但是随着便利店的大量涌现以及郊外大型购物中心的建成，前往商业街购物的消费者数量与之前相比大幅减少，昔日熙熙攘攘的商业街现在也变得冷清起来。

随着消费者的流失，商业街上的许多店铺也倒闭了。这些到处都是关门店铺的商业街被称为“卷帘门街”。在 2006 年 11 月 4 日《朝日新闻》公布的日本全国调查中，回答“附近有卷帘门街存在”的居民大约占 6 成左右。

当我们的生活和工作发生变化的时候，购物的交易成本也会随之发生变化。就算同样需要花费30分钟的购物行为，在繁忙和疲劳的时候，这30分钟的成本也会变大，交易成本也会随之提高。

比如对于每天都很忙没有多少闲暇时间的人来说，天天去大型购物中心购买生活用品的做法，需要消耗很多交易成本。与此相比，在时间充裕的时候（比如周末）前往大型购物中心一次性购买一周的生活用品，能够节约大量交易成本。

一次性购买一段时间用的生活用品，有可能出现食物的保鲜问题。针对这一问题，经常采用这种购物方式的家庭所采取的解决方法，就是购买一个大容量的冰箱。事实上，2006年在日本，400升以上的大容量冰箱的销量比往年有大幅提升。家电制造厂商对于消费者这方面的需求也很敏感。

比如2007年初，松下和日立作为主打产品推出的冰箱，与其10年前的主打产品相比几乎体积差不多，但容量却增加了100升以上。参考数据显示，随着味道新鲜的冷冻蔬菜逐渐出现，日本人均冷冻食品的消费量虽然出现了增加趋势，但也只有美国人的3成左右。日本和美国之所以会出现如此大的差距，是因为家用冰箱的冷冻室容量不同。

那些拥有大容量冰箱而且有车的家庭，自然会选择更经济的大型购物中心来购物。那些喜欢前往大型购物中心购物的消费者，为了使自己消费时的交易成本进一步减少，会选择购买一个容量更大的冰箱或者出行更方便的汽车，这样他们会更加频繁地前往大型购物中心去购物。

从大型购物中心的角度来看，为前来购物的消费者节约交易成本是它们最需要下功夫的地方。比如通过多家同类店铺的竞争，能够增加商品的种类，使消费者能够切实买到称心如意的商品。我经常光顾的大型购物中心，仅食品销售就有两家超市竞争。

另外，据报道，东京都武藏村山市 2006 年 11 月开业的大型购物中心，因著名零售商三越进驻其中引发社会热议。但三越也照样遭遇购物中心内其他零售商的竞争威胁，导致开业后的销售额没有达到预期目标。

虽然大型购物中心在规模上优于车站前的商业街上的店铺，从而将顾客从后者手里夺走，但是顾客络绎不绝的大型购物中心的停车场和周边道路，每到周末都会变得混乱不堪，因此在大型购物中心购物需要付出与在商业街购物不同的交易成本。

可是即便如此，大型购物中心和便利店还是将顾客从商业街抢了过来，造成日本出现大量“卷帘门街”，这是为什么呢？而另一方面，在这种环境下仍然有充满活力的商业街存在。产生这种差异的原因是什么呢？

正如前文所说的，我们的生活发生变化时，交易成本也会随之变化。对此，大型购物中心、超市以及便利店都围绕着现在消费者的生活状态的变化，在降低交易成本上下了很大功夫。比如开在老年人很多的社区的便利店，开始实施送货上门服务，7–11 便利店在日本全国范围的店铺内都推出了便当和蔬菜送货上门服务。

另外，有些超市还引入了顾客结账自助收银机，这样能够节省顾客在收银台排队等待结账的时间。自助收银机虽然需要顾客亲自进行结账操作，看上去消耗了额外的交易成本，但实际上却为顾客节省了大量时间。

在东京市中心，与耗费精力相比更渴望节约时间（他们认为时间成本更高）的消费者越来越多。因此，虽然顾客自身承担了结账的工作，但节约了时间的自助收银机（从店家的角度考虑也同样节约了收银员的人工费）还是受到了广泛好评。

有些商业街上的店铺之所以会经营失败，是因为其不能及时应对消费者不断变化的生活习惯。实际上，位于新干线车站附近的商业街在地理位置上可以说具有相当大的优势，但是在这里却有很多摆满卖不出去商品的店铺、因为疏于管理而倒闭的店铺以及就算空着也不肯降价出租的店铺，最终使整条商业街失去了活力。

那些依旧保持着活力的商业街，则是因为适应了消费者发生变化的生活习惯才得以生存下来。渴望提高吸引力的商业街，也开始学习大型购物中心的做法，聘请专家来教授它们关于店铺经营的相关知识，力求在竞争中立于不败之地。

综上所述，在购物时节约的交易成本，实际上是消费者和商家共同努力的结果。绝大多数消费者，决定在何处购买生活必需品之后，就会改变自身的生活习惯去适应自己的选择。而且那些拥有创新意识的店铺，会尽可能迎合消费者的生活习惯，从而节约他们的交易成本。在两者的相互作用下，消费者购物时的交易成本就能够得到有效控制。

但是，如果我们常去的那家店突然关门，就会给我们的生活造成很大的不便，即便还有其他可以购物的同类店铺，但是去那些店铺购物的交易成本会大幅提高。如果出现这种情况，那么这些店铺很可能因为难以吸引到其他顾客而使经营无以为继，导致最终关门。

对于消费者来说，为了避免不便，需要时刻注意周围人的生活习惯的变化，分析出哪家店铺能够最终生存下来。这也是我希望普通的消费者能够对自己周围的经济动向具有一定认识的原因。

物流系统助力便利店的生存发展

接下来让我们从交易成本的角度来简单分析一下在便利店购物的情况。

在大型购物中心购物，因为商品琳琅满目，所以能够买到自己想要的商品，这是其魅力所在，但在其中寻找商品和来回走动的劳动成本也不可忽视。从这种意义上来说，在大型购物中心购物的交易成本是比较高的。

而去便利店购物既能够以较高的效率买到自己需要的商品，还能够节省下寻找商品所需的时间，可以说是大幅降低了交易成本。有数据调查显示，消费者在便利店购物所花费的平均时间为 8 分钟，从摆放饮料的货架上浏览商品到从中挑选一个购买的平均时间为 3 秒。

便利店为了进一步节约消费者的交易成本，经常会将顾客们最常购买的饮料摆放在店内最显眼的位置。如果有一天你发现自己常买的那种饮料被摆放在便利店最显眼的位置，那绝对不是偶然的。

如果考虑各种各样的商品从工厂生产出来再送到各个便利店这个过程，就不难发现，便利店之所以便利，完全得益于在背后支持着它的物流系统。

为了实现消费者以最短的时间买到想要的商品的愿望，便利店在节省购物时间的同时，还会保证商品种类丰富，而且货源充足不会断货。将这看上去充满矛盾的两者成功地结合到一起就是便利店最大的优势。

而帮助便利店实现这一优势的秘密武器就是物流系统。实际上，在我们享受便利生活的过程中，物流系统起着至关重要的作用。我们在购物时节省的大量交易成本，很大一部分都是在商品的配送阶段被削减下去的。

如图 1–7 所示，物流公司的职责并非仅仅将工厂生产的商品运送到店铺。为了应对我们变化的生活习惯，节约每次购物时的时间，物流公司会将从工厂运来的商品暂时集中在一个仓库保管。随后，根据消费者的购买需求，将必要的商品以最有效率的方式配送到消费者的手中。这就要求物流公司在保管、整理和配送的过程中尽可能迅速。

不同厂商生产的多种多样的商品，被大货车从全国各地运送到物流公司，然后按照各个店铺所需要的商品种类加以区分，还要考虑各种商品的保存温度，用小货车按照配送时间分别配送。另外，为了能够充分利用小货车有限的空间，还要考虑各种货物的重量和形状，确定摆放的顺序。

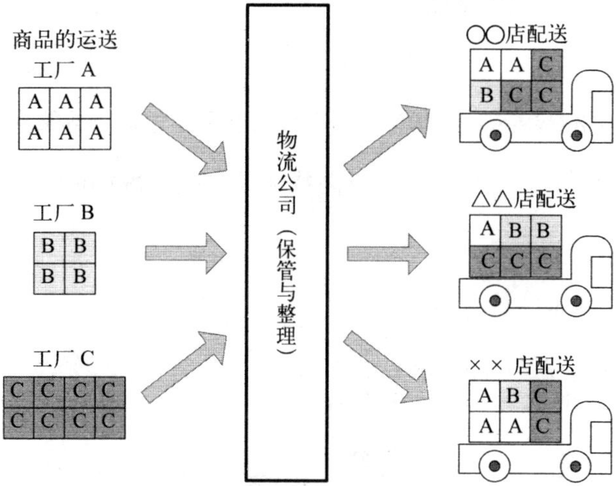

图 1–7 物流公司的职能

当然，也有自己拥有物流部门的零售商。这里将对仅拥有店铺的零售商和仅负责商品运送的物流公司分别进行说明。也就是说，便利店能够在面积那么小的店铺内拥有种类如此繁多、库存如此充足的商品，实际上是将物流公司的仓库当作店铺仓库的一部分来使用的，并且将把商品从仓库中运送出来的工作交给了物流公司。

如果没有物流公司的支持，就很难存在生意如此好的便利店，关于这一点，可以从便利店行业的最大连锁店 7–11 便利店的开店战略中很明显地看出来。也许有人在听说这件事的时候会感到意外，在日本也确实有几个县没有 7–11 便利店。我所居住的爱知县就是其中之一，一直到几年前都没有 7–11 便利店。而自从第一家 7–11 便利店出现，很快我家附近接连出现了好几家 7–11 便利店。

7–11 便利店出于物流效率的考虑，选择在特定地区集中开设店铺。这被称为**优势策略**。超市和杂货店有时候也会采取优势策略。图 1–8 显示的是三个地区的虚构地图。根据优势策略开设的连锁店，应该以负责日用品、食品和便当等生活必需品运输业务的物流公司所在地为中心，在一天之内可以高效地多次运送商品的位置集中开设店铺。

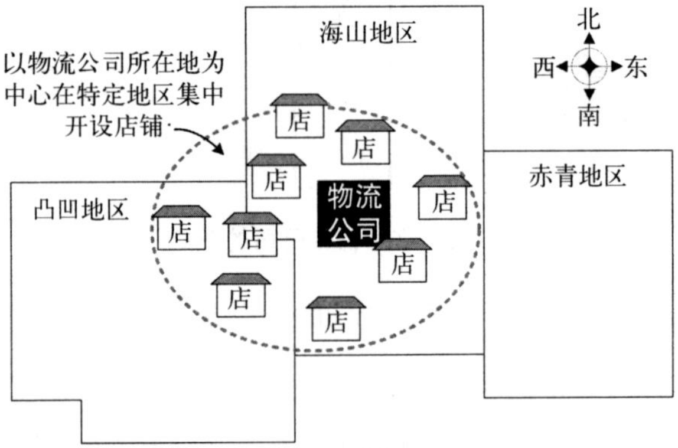

图 1–8　便利店的优势策略

以物流公司所在地为中心，7–11 便利店虽然在海山地区的南部开设了大量店铺，但东邻的赤青地区则一家店铺也没有，西邻的凸凹地区也只有和海山地区交界的地方有店铺。在这之后，如果 7–11 便利店想在目前的所有地区增加销量，那首先要在邻近地区增加物流中心，这样可以开设店铺的地区也会随之扩大。正因为物流公司的高效率是其经营的生命线，所以店铺才会采用这种策略。

另外，将不同厂商生产的商品集中起来高效地运送到各个店铺的方法，不仅使以 7–11 便利店为首的便利店行业取得了发展，在其他各个领域也有十分重要的应用。例如，朝日啤酒和可果美从2007年夏季开始共享物流网络，如共享货车。从朝日啤酒的工厂向外运送啤酒的货车，途中还可以装载可果美的果汁，从而进一步削减了物流成本。

此外，物流公司通过各种各样的方法削减成本，使物流更加高效，这样可以节约我们在购买商品时的交易成本，能够使我们更有效地利用自己的时间。

第二章

电视机和数码相机为什么越来越便宜？

——规模经济效应助推家电产品价格下降

平板电视机的价格一降再降

平板电视机、数码相机、DVD 播放机这三种数码家电在日本被称为“新三件电器”，即便在经济不景气的环境下依旧很有市场。其中价格最贵的当属平板电视机，在图像的显示方式上有各种各样的类型，尺寸上消费者也有诸多选择。

每年平板电视机都在向更轻薄、更大的方向发展，受到越来越多消费者的欢迎，但其价格却连年下降。特别是其中最受欢迎的液晶电视和等离子电视，从整体销量上来看，液晶电视的销量略胜一筹，但要说大屏幕的优势，等离子电视在这方面几乎首屈一指。

另外，一些知名度不高的小厂商生产的平板电视机与知名品牌的相比，价格更加便宜。不过在本书之中，仅以知名品牌的平板电视机为例进行讨论。因为不管是互联网还是杂志上的排行榜，知名品牌的产品往往都更受欢迎，尤其是像平板电视机这样的高价商品，与低廉的价格相比，消费者更看重高品质。

电视机的型号是按照屏幕对角线的长度以英寸[①]为单位计算的，比如一台屏幕对角线长 32 英寸（大约 81 厘米）的电视，我们就称其为“32 英寸电视”。所以，为了比较不同大小的电视机的价格，我们将售价除以对角线的长度，计算出“每英寸的售价”，以此来进行量化比较。

到 2004 年为止，不管是液晶电视还是等离子电视，每英寸的售价都在 1 万日元以上，比如 50 英寸的电视价格超过 50 万日元是正常的，因此给人留下一种强烈的高级家电的印象。但是任谁也想象不到电视今天会有如此高的普及率。

让我们来看图 2–1。在 2004 年年末的商战中，32 英寸液晶电视的价格下降到了每英寸不足 1 万日元，即 32 英寸液晶电视的价格不足 32 万日元。到了 2005 年夏季的商战时，50 英寸等离子电视的售价

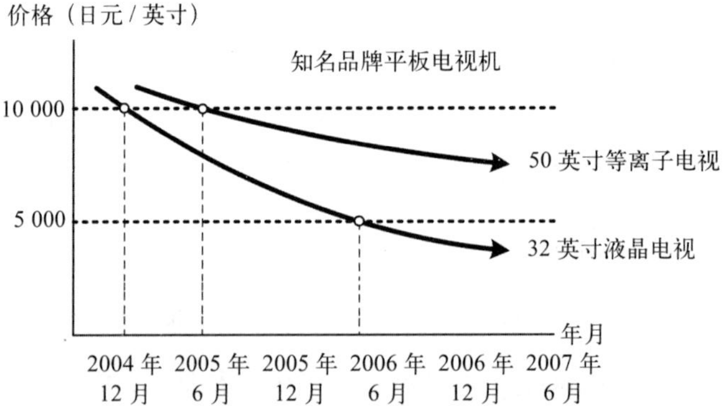

图 2–1　平板电视每英寸的售价

※ 各时间点根据《日本经济新闻》的报道数据

① 1 英寸 =2.54 厘米。——编者注

也降到了 50 万日元之下，每英寸不足 1 万日元。

等到 2006 年的暑期商战，32 英寸液晶电视每英寸的价格降到了 5 000 日元。也就是说知名品牌的 32 英寸液晶电视的售价已经降到了 16 万日元左右。随后价格继续下降，仅 2006 年一年 32 英寸液晶电视的价格就下降了 1/3。

50 英寸等离子电视的价格也有每英寸下降到 5 000 日元以下的趋势。实际上在 2006 年末，尺寸稍微小一些的 37 英寸和 42 英寸等离子电视的价格就已经下降到每英寸 5 000 日元以下了。而且在 2007 年时，各大厂商都瞄准了 2008 年北京奥运会的商机，使得 40 英寸以上的液晶电视和等离子电视之间的竞争更为激烈。读者朋友们在看到本书的时候，大屏幕平板电视机的价格应该更便宜了吧。

正如我们大多数人都知道的那样，在家用电器普及的过程中，在绝大多数情况下，其销售价格都会随着时间的推移逐渐下降，而且性能有所升级。平板电视机和电脑可以说是其中的典型代表。之所以会出现这种情况，有以下几个原因。

首先，生产规模的扩大会促使“每台电视机的生产成本下降”。经济学中将这种现象称为**规模经济效应**。

每一台电视机的生产成本也被称为**平均成本**。如果投资 1 000 万日元能够生产 100 台产品，那么 1 000 万日元 ÷100 台 =10 万日元，即生产一台电视机需要 10 万日元的生产成本。我们可以说“平均成本为 10 万日元”。

从图 2–1 可以发现平板电视机在日本国内的需求量每年都在大幅

提升，平板电视机正以惊人的速度普及。为了应对这种状况，夏普、松下以及索尼等大型电器制造企业都开始着手建立新工厂以及增强现有设备的生产水平，不断地扩大生产规模。

图 2–2 显示的是平板电视机等家电产品的生产以及销售的规模（数量）与平均成本之间的关系。我先根据此图做出说明。

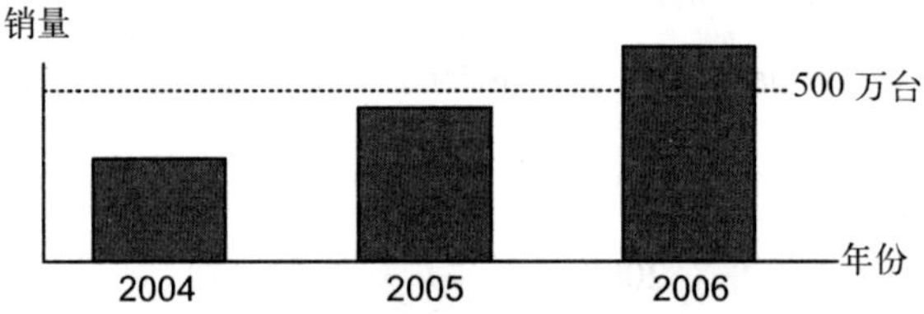

图 2–2 平板电视机日本国内销量激增

那些在家电商场第一次见到 50 英寸以上平板电视机的人，一定都会被那令人震撼的鲜艳画面吸引吧。与十几年前购买的电视机相比，平板电视机的技术进步可以用“突飞猛进”来形容，但同时为了开发这种技术而投入的资金也不是一个小数目。而且，为了更有效率地生产大屏幕电视机，也需要具有相应规模的工厂。

我们以某平板电视机的生产成本为例进行简单计算。

工厂的机械设备等生产资源与生产数量无关，是必须投入的资产，这部分被称为固定成本。我们假设投入了 150 亿日元的固定成本，用于研发新产品和购买生产设备。

另外，像零部件这种在生产每台电视机时都需要追加投入的成本，被称为变动成本。假设每台电视机的变动成本是 5 万日元，其他比如人工费等成本包括在固定成本和变动成本之中。这样一来，平均成本（每台的生产成本）可以按如下方法计算。

平均成本 =（固定成本 ÷ 生产数量）+ 单位变动成本

假设生产 10 万台，固定成本 150 亿日元，单位变动成本为 5 万日元，那么，平均成本 =（150 亿日元 ÷10 万台）+5 万日元 =20 万日元

计算出的平均成本为 20 万日元。图 2–3 中 A 点表示生产数量为 10 万台时平均成本为 20 万日元。

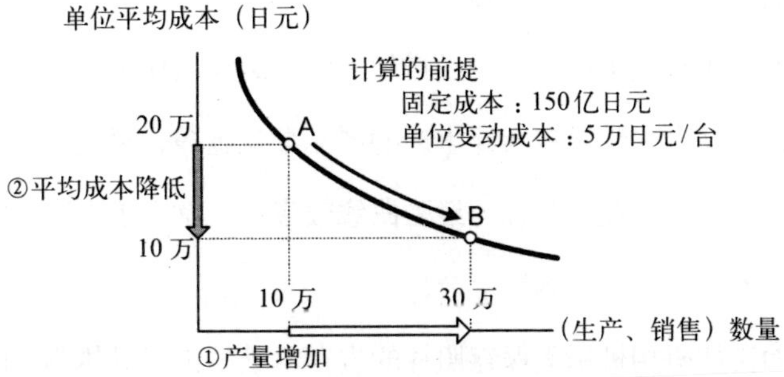

图 2–3　规模经济效应

接下来，我们将生产数量（规模）从 10 万台增加到 30 万台，即图 2–3 中显示的 B 点位置。这时候的平均成本又是多少呢?

平均成本 =（150 亿日元 ÷30 万台）+5 万日元 =10 万日元

刚才 20 万日元的平均成本现在已经下降到了 10 万日元。像这种在技术开发和生产设备上投入了巨额固定成本的家电产品，生产数量

越大，平均成本（每台的生产成本）越低。这就是规模经济效应。

扩大了生产规模，如果生产出来的产品卖不出去就麻烦了，所以必须增加销量。同时，由于平均成本降低，商品的销售价格也可以随之降低。售价便宜的话自然有利于销量的增加，结果就像近几年的平板电视机一样，在向家庭迅速普及的过程中，发生了如下循环。

销量增加使生产规模扩大，规模经济效应使平均成本降低，销售价格下降使销量进一步增加，销量进一步增加使生产规模进一步扩大，销售价格进一步下降，于是再次使销量增加……在这种情况下，以规模经济效应为驱动力的销量增加与价格下降之间不断循环，最后使平板电视机的售价急剧下降。

另外，还有在生产过程中通过经验的不断积累使平均生产成本降低的产品。从过去到现在累计生产的产品数量越多，平均成本的下降幅度越显著。这种现象被称为**经验曲线效应**，最常见于电脑与家电产品的核心零件——半导体的生产。

比如说数码相机用于保存照片的内存卡就是由半导体制成的。而我们经常会看到内存卡的价格在半年（甚至几个月）之内便下降到原来的一半左右。

当然，像电视机这样的家电产品，同一类产品重复生产次数越多，由品质管理的提升所带来的成本降低越是不可避免的，所以在某种程度上也有经验曲线效应的作用。这也是家电产品经过一段时间之后价格下降的原因之一。

激烈的国内市场竞争与海外市场占有率的提升

当我们前往家电超市的电视机卖场时，会发现各种品牌的平板电视机琳琅满目。但是其中最受欢迎的品牌液晶电视当属夏普和索尼，等离子电视当推松下电器（2006—2007 年上半年的情况）。

各个公司的销量在这些产品的总销量（金额或数量）之中所占的比率被称为“市场占有率”。液晶电视与等离子电视市场占有率高的企业（夏普、松下、索尼），在平板电视机市场需求急速增加的情况下能够获得丰厚的利润。同时，也会出现因无法获得预期收益而不得不缩小生产规模退出市场的企业。这种现象也可以通过规模经济效应来解释说明。

前文已经指出，生产 10 万台电视机的平均成本为 20 万日元，生产 30 万台的平均成本为 10 万日元。如果任何一家企业都在这种成本结构下进行生产，那么与每家公司各生产 10 万台相比，一家公司独自生产 30 万台的平均成本显然更低。前一种情况下每家公司的平均成本都是20万日元，而后一种情况下公司的平均成本只有10万日元。

如果在同样的成本结构下，A 公司生产 30 万台并上市销售、B 公司只生产 10 万台上市销售，那么结果会怎样呢？面对平均成本只有 10 万日元的 A 公司，平均成本为 20 万日元的 B 公司在价格方面没有任何优势。A 公司即便以 15 万日元的价格进行销售也有利可图，B 公司如果为了与之抗衡也以 15 万日元的价格进行销售，就会出现巨大亏损。

这样下去，也许B公司很快就会从这场竞争中退出。A公司将B公司从市场之中驱逐出去之后，可以继续扩大自己的生产和销售规模，在增加利润的同时，还能够进一步降低平均成本。而且在没有竞争对手的情况下，售价不会下降太多，利益率也会随之提高。

2007年2月10日，时任夏普公司董事长的町田胜彦在接受《日本经济新闻》的采访时曾经这样预言道："能够高效地生产40英寸以上液晶电视的生产线都集中在索尼与三星的合资公司以及夏普手上。所以今年液晶电视市场不会出现像去年那样的价格急剧下滑。"

而且，2006年在日本国内分别取得液晶电视和等离子电视市场占有率第一位的夏普与松下电器，在2007年时都宣布了新的设备投资计划，希望以此将竞争对手彻底打垮。另一方面，在等离子电视领域被松下电器远远甩在后面的先锋和日立，则在2007年宣布工厂的扩建工程延期，竞争对手之间的强弱立刻明了。

对于那些善于利用规模经济效应的企业，缩小竞争对手的生产规模并迫使其退出市场，尽可能提高自己产品的市场占有率是它们的最大目标。

但是，当液晶电视也进军大屏幕市场之后，2006年起液晶电视与等离子电视之间的对决也日趋激烈。被液晶电视阵营压制的等离子电视阵营为了扭转劣势，松下电器与日立合作共同开发原本各自都没有的等离子电视，丰富自身的产品线以提高液晶电视的市场占有率。现实中的商业竞争就是如此复杂，不禁让人产生"昨天的敌人成了今天的朋友"这样的感觉。

活用规模经济效应的企业战略还有另外一种情况，就是不仅仅依靠国内市场，还要将整个世界都作为销售对象，以此大幅扩大生产规模。

这种情况以日本制造业最擅长的数码相机制造业为例进行说明。

图 2–4 就是规模经济效应的例子。这次的对象是数码相机，纵轴表示平均成本，横轴表示生产与销售的数量，曲线表示两者之间的关系。如果仅依靠国内销售，即图 2–4 中 A 点所示的位置，平均成本为 8 万日元。

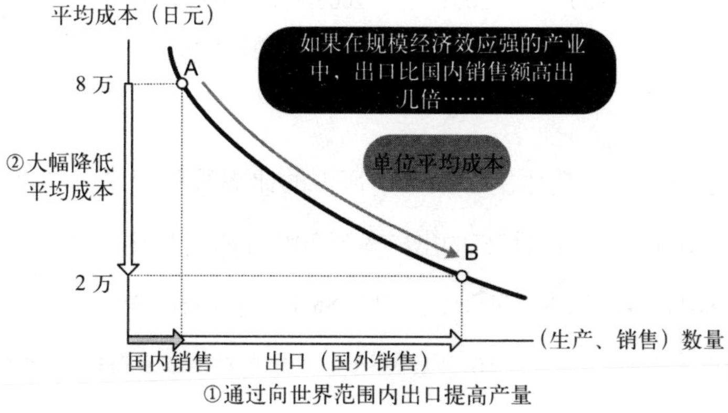

图 2–4　出口创造的规模经济效应

如果通过向世界其他国家出口来实现“国内销售 + 出口（海外销售）”，成本即图 2–4 中 B 点所示位置。因为出口数量超出国内销售额数倍以上，生产规模也将随之扩大，所以平均成本急剧下降，变为 2 万日元。当然，这只是为了便于说明而假设的数据。

现实中的日本数码相机销量数据如图 2–5 所示。表中数据显示的是 1999—2006 年日本国内销售与出口的数码相机的数量（台数）。虽然国内销售在 2003—2006 年几乎没有太大的增长，出口量却连年大幅攀升。

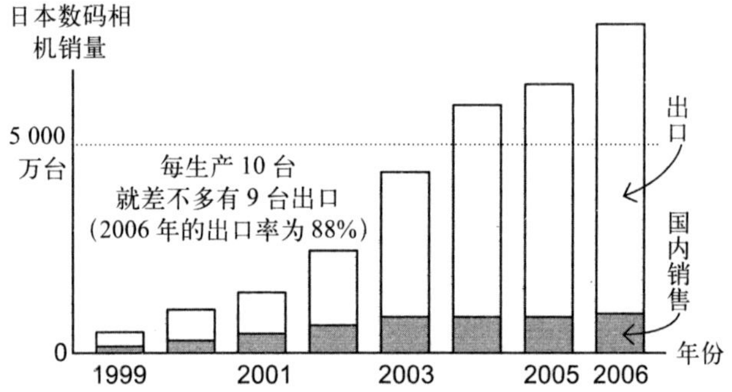

图 2–5　日本数码相机的国内销售与出口

※ 数码相机产业协会的统计数

出口数量在整体销售数量中所占的比率被称为“出口比率”，1999—2002 年，数码相机的出口率为 70% 左右。2003 年这一数字超过了 80%，到了 2006 年则上升到了 88%。这就意味着，生产数码相机的日本企业，每生产 10 台数码相机，就差不多有 9 台出口到国外。

日本数码相机的平均价格（销售价格 ÷ 销售量）的变化如图 2–6 所示。虽然 1999—2000 年平均价格超过 4 万日元，但随后却连年下降，到了 2006 年已经下降到 2.2 万日元，功能也越来越强。

比如数码相机的基本功能之一的像素（像素越高，性能越好），1999 年低于 200 万像素的数码相机的销量占当时总销量的一半以上。而到了 2006 年，600 万像素以上的数码相机销量占总销量的 3/4。

另外，数码相机的液晶显示屏也越来越大，配有机身防抖和人像识别功能的相机也越来越多，数码相机在功能上取得了长足进步，价格却大幅下降。

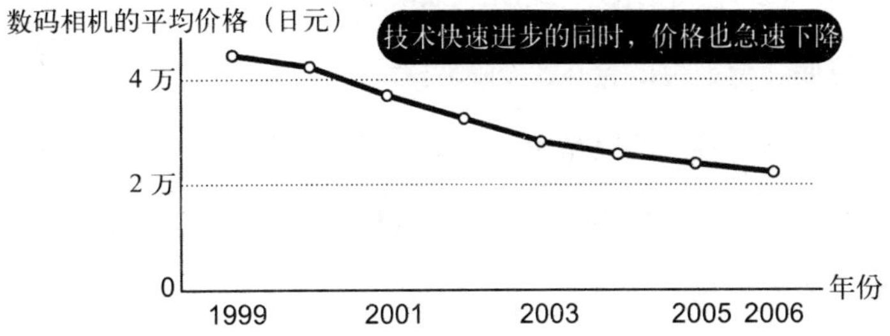

图 2–6　日本数码相机的价格

我们之所以能够享受到如此高性能低价格的数码相机，是因为日本的数码相机出口比率高，而且面向世界的出口量大幅攀升。归根到底，这是规模经济效应充分发挥作用的必然结果。

规模经济效应在销售环节中的作用

大家在购买电视机、洗衣机、冰箱等家电产品的时候，会选择从什么样的地方购买呢？如果是几十年前的话，大概很多人都会选择家附近的电器商店吧，但近年来选择去大型家电超市购买的人应该越来越多了。

虽然规模庞大的家电连锁店在日本国内也有好几家，但其中最著名的亚玛达电器年销售额超过 1 万亿日元（2006 年的销售额约为 1.5 万亿日元），在同行业中处于遥遥领先的地位。虽然排在第二位的

EDION（日本家电量贩巨头）已经是由多家大型家电超市合并而成的企业，但是它以及其他许多企业还希望通过并购继续扩大规模。

2007 年 2 月，EDION 与 Bic Camera（日本大型综合购物中心）宣布即将展开全方位的合作。如果两者合并，将会诞生一个销售额可与亚玛达电器相媲美的巨型家电超市，但令人遗憾的是，仅仅过了一个月，合作计划便宣告终止。虽然大规模的并购在操作上确实存在很多问题，但即便如此，大型家电超市通过并购来扩大规模的道路仍在探索中。

为什么家电超市要如此拼命地进行规模扩张呢？我们去大型家电超市购物的原因又是什么呢？

绝大多数人在购买电视机的时候，不去家附近的电器商店而选择家电超市，原因之一是后者的品种更加齐全。特别是位于郊外的大型家电超市，在宽广的空间内展示着种类繁多的家电产品，消费者可以在充分的比较之后再做决定。

另一个重要的原因就是价格。虽然也有一些例外的情况，但绝大多数情况下家电超市的价格要明显低于电器店。其价格低廉的原因，是由家电产品的进货方式决定的。

在生产中追求规模经济效应的家电产品制造商，生产的产品越多，其平均成本也就越低。为了能够大量生产，制造商必须同时把自己的产品大量销售出去。因此对于一次性大批量进货的家电超市，制造商给予的价格也是很低的。

另外，在能够大批量进货的前提下，还可以为特定的家电超市进行产品定制，比如去除一部分一般产品的功能、调低价格、在外形和颜色的设计上稍微多一些变化等。

总之，销量越高的家电超市，进货价就越低，而且大型超市如果能够非常有效率地将商品销售出去，那么其每台家电的销售成本还会低于小型电器店的平均销售成本。

这种关系整理如图 2–7 所示（为了便于说明暂不考虑消费税）。左侧显示的是销售量较小的电器店，从某家电产品制造商那里以每台 7.5 万日元的价格进货，加上 2 万日元的销售成本和 1.5 万日元的利润，最后将每台的售价定在 11 万日元。

右侧显示的是能够批量销售的大型家电超市。因为其强大的销售能力，同样的商品从制造商那里进货的价格只要 6 万日元，销售成本也只要 1.3 万日元，如果以 8.8 万日元的价格出售，就可以获得 1.5 万日元的利润。在这种情况下，大型家电超市与电器店相比，价格便宜了 20%。

而实际上，大型家电超市经常采用的促销策略是，同样将价格定在 11 万，但是将其中的 20% 作为积分返还，当消费者购买其他产品的时候可以作为折扣使用（使用积分来冲抵现金实际上就是打折）。当然也有不采取积分制的家电超市，还有虽然采用积分制但可以任由顾客选择积分或者现金优惠的家电超市。

积分换折扣，相当于商家先向顾客借钱，然后将这些钱作为折扣返还给顾客。实际上，这些积分是被记在“贷款”科目下来进行财务结算的。但积分和普通的贷款不同，因为积分不需要支付利息，对企业来说是非常有利的。但即便不用付利息，商家无节制地滥用积分也必然存在着经营恶化的风险。

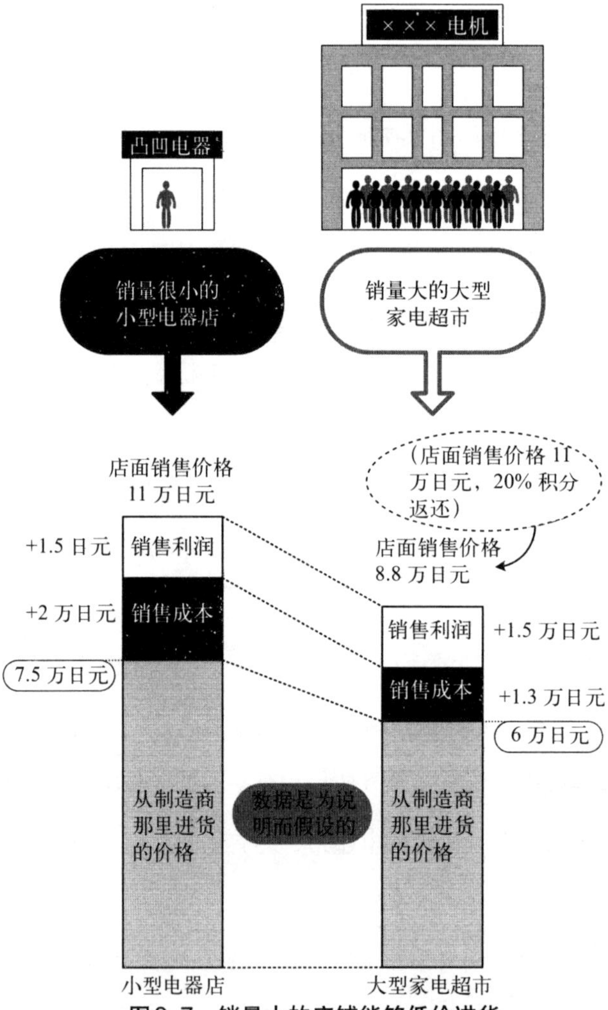

图2–7　销量大的店铺能够低价进货

不管怎样，比竞争对手销量更多、进货量更大的家电超市，能够从制造商那里得到相对便宜的进货价格，从而在价格竞争中处于优势，进一步增大了与竞争对手的销量差距，获得更大的价格优势，从而形成良性循环。因此，与最大规模的家电超市之间存在差距的其他家电超市，只能通过并购来扩大规模，以此提高自身的竞争力。

大型家电超市拼命进行规模扩张以及家电产品价格更加便宜，其原因都在于规模经济效应。

一机多用大大节约了消费者的交易成本

除了规模经济效应之外，还有另一个与之相似的概念，被称为**范围经济效应**。接下来我将以手机和随身听为例，对这一概念加以说明。

图 2–8 中列举了手机所具有的各种功能。手机作为最成功的电子产品之一，除了基本的通话功能以外还拥有许许多多的实用功能。很多人通过手机来收发邮件和上网浏览信息。现在几乎所有的手机都有拍照功能，越来越多的人使用手机随时拍照留念。有的手机还有摄像的功能。

2006 年起，日本可以通过手机收看电视节目。具有全球定位系统功能的手机可以随时显示机主所处的位置，还有人使用电子理财功能，在便利店使用手机结账。手机甚至还可以作为电视遥控器使用，当计算器使用更是不在话下。

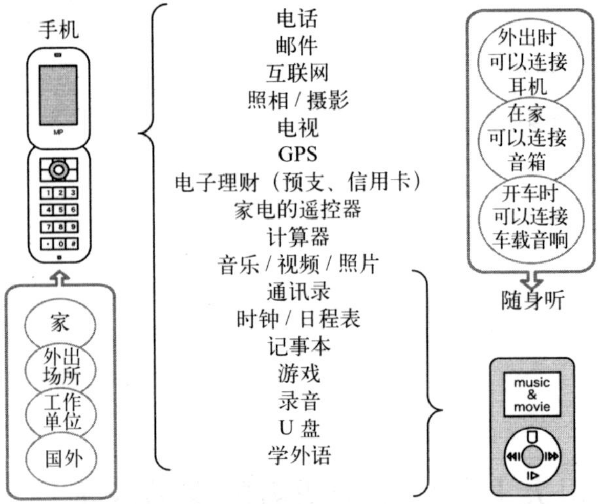

图 2–8　手机和随身听的多功能化

随着科技不断进步，手机能够存储的数据越来越多，音乐、视频、照片都可以保存在里面随时随地拿出来欣赏。使用手机通讯录、时钟以及日程表功能的人越来越多，比如很健忘的我对于一些重要的事情就一定会记录在手机上，并设置闹铃提醒。当手边没有笔和纸的时候，手机能够很方便地记录一些内容。在上下班的电车内，经常有拿手机玩游戏消磨时间的人。还有人会用到录音功能，或者将手机当作 U 盘使用等。

与手机一样，随身听也具有多种功能（图 2–8 中“音乐 / 视频 / 照片”以下的功能）。现在使用随身听学习外语的人比以前大大增加。

手机与随身听在额外功能上有很多相同之处，如图 2–8 所示，手机除了“学外语”以外，还拥有许多随身听不具备的功能。2007 年，在全世界随身听市场上占据着压倒性份额的苹果公司，将自己的随身听 iPod 与手机融合到一起，宣告了 iPhone 的诞生，它在美国于 2007 年 6 月末正式上市。

手机与随身听都因其具有一机多用的特点而备受青睐。只要拥有一部手机，不管你是在家、在外出场所、在工作单位还是在国外，都可以很便利地进行通话。只要有随身听，不管你在外面也好，在家里也罢，甚至在车里都能够听听音乐。市场占有率极高的 iPod 可以直接通过车载音响使用，这样做的人也越来越多。

手机和随身听的使用范围越来越广，我们的交易成本就能够大幅节约。将手机作为时钟和日程表的人，无须戴手表并随身携带记事本。用手机来拍照的话，出门旅游也不用带相机了。

对于那些因为工作关系，或者需要经常和家人朋友，以及恋人保持联系而必须随身携带手机的人来说，手机的功能越强大，他们外出时所需要携带的东西就越少。出门的时候只要别忘带上手机就可以，甚至省下了检查随身物品的时间（这是额外的便利）。

关于这个原理，图 2–9 做了详细解释。当我们同时使用产品 A 和产品 B 的时候，这两样产品在很多方面都有相同的交易成本，比如每天都要随身携带，每天都要充电，都要熟悉操作方法等。于是生产企业开发出拥有产品 A 与产品 B 共同功能的“产品 A+B”，消费者如果选择这款商品，就可以节约交易成本。

原本需要熟悉两种产品的操作并同时携带这两种产品，现在只要一款产品便可满足需求。这就是范围经济效应节省下来的成本。

但是一旦具有如此多功能的手机遗失、被盗、忘在家里或者没电了，也会带来诸多不便。在我们使用多功能的产品、受益于范围经济效应带来的交易成本节约的同时，也要做好问题一股脑儿出现的心理准备。

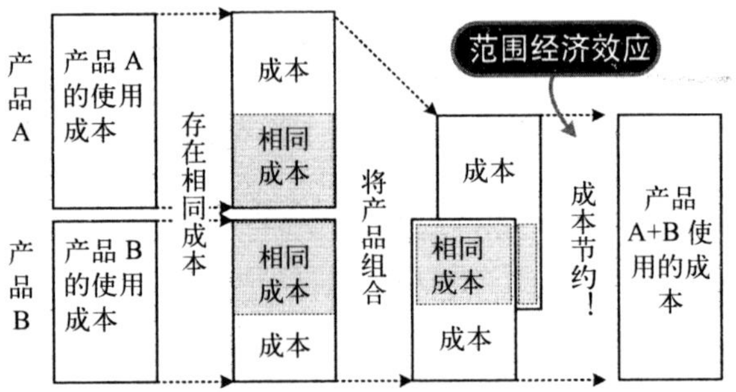

图 2–9　范围经济效应

通过范围经济效应节约消费者的交易成本（由此提高销售额）的例子还有很多。比如电视和影碟播放机（DVD，以前是 VCD）这样的家电产品，相互之间需要通过许多条数据线连接，既有从电视向播放机传输声音和视频的线路，也有从播放机向电视传输声音和视频的线路。因此我们必须使用两个遥控器，并且分别记住它们各自的操作方法，这是非常麻烦的。

针对这种情况，松下电器和夏普将自己公司生产的电视机与 DVD 播放机等视频设备统一使用一种专用数据线连接起来，这样只要一个遥控器就可以进行操作。当然，这种情况需要消费者使用同一家厂商制造的系列家电产品，但在操作上的省事却是实实在在的。比如在准备录制电视节目的时候所需要进行的操作就大大减少，能够节省不少时间。

购买大屏幕平板电视机的人，一般都会同时购买 DVD 播放机，而选择购买 DVD 播放机的很多人大多会选择购买与电视机同品牌的 DVD 播放机。

另外，对于一个家庭来说，以电视机为中心的家用电器网络，在今后的生活中将会得到越来越频繁的应用。夏普和索尼都推出了能够连接电视的客厅用电脑。任天堂等游戏机生产厂商强化了其生产的游戏机的网络对接功能。苹果发售了被称为“苹果 TV”的台式播放机。以电视机为中心的家用电器网络已经成为各大厂商新的竞争热点。

除了收看电视节目以外，电视机在家庭中的存在感与之前相比越来越高。因此，松下和夏普等家电制造商在大屏幕平板电视机占据了大量市场份额的前提下，通过在操作上降低消费者的交易成本，旨在进一步吸引消费者购买它们的其他产品，所以才在电视机市场的竞争中投入如此大的精力。

如果家电产品离开电能，就无法启动，所以供电公司经常在电视上宣传“全电器化住宅”的概念，建议住户就连在厨房中做饭和在浴室中洗澡都不用煤气，全部使用电力，从而节省支付给煤气公司的费用（特别是基本费用），并以此作为电力公司的最大卖点。这也是在范围经济效应的作用下，企业为了使消费者尽可能多地使用自己公司的服务而做出努力的例子之一。

第三章

卖座电影的数字激光视盘售价为何因人而异？

——消费能力的差别与价格歧视策略

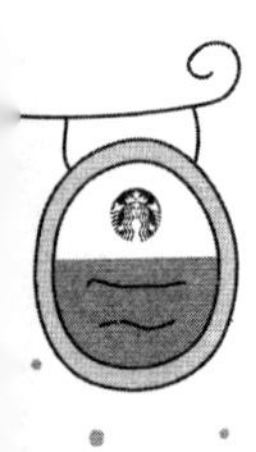

肯出高价的顾客就高价卖给他，只买便宜货的就低价卖给他

作为消费者，我们每天的生活都离不开购物，有一些事情我们必须做到心中有数。其中之一就是许多企业在销售商品和提供服务的时候所采用的“肯出高价买的顾客就高价卖给他，只买便宜货的顾客就低价卖给他”的策略。

企业所采取的这种策略，在经济学上被称为**价格歧视**。虽然听起来好像有种不公平的感觉在里面，但实际上这是经济生活中非常普遍的做法，也是商家在从事经营活动时所采取的基本策略。接下来让我们通过几个典型事例对这种策略加以分析。

比如有一家企业将同一种商品同时向富有的A先生和贫穷的B先生销售，对于售价1万日元以上也会购买的A先生就以1万日元的价格卖给他，而对于只有当售价在3 000日元以下时才会购买的B先生就以3 000日元的价格卖给他，这种做法就是价格歧视。但是如

果A先生和B先生同时购买，对于同一种商品给出不同的价格，那么看到自己付出高价的A先生肯定会不高兴。因此，为了能够针对不同类型的消费者给出不同的售价，企业在此方面可以说是做足了功夫。

发售电影的数字激光视盘（DVD），不同时期价格不同的策略被称为“时间差策略”，实际上就是通过时间推移而实行差别定价的策略。

图3–1显示的是热门电影《哈利·波特与魔法石》的数字激光视盘的价格变化。这部电影于2001年12月在日本上映后引发了极大反响，半年后的2002年5月其数字激光视盘开始发售，此时数字激光视盘的售价是3 129日元（含消费税）。而且，包含其他附加内容的豪华版也同时发售，价格为10 290日元。

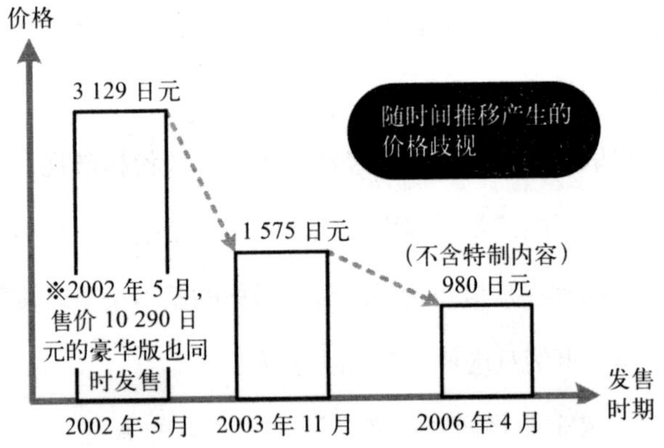

图3–1 电影《哈利·波特与魔法石》数字激光视盘的价格策略

畅销电影的数字激光视盘，其价格经常会随时间的推移而不断下降，《哈利·波特与魔法石》的数字激光视盘也是如此，在2003年11

月时其价格下降到几乎原来的一半——1 575 日元。而到了 2006 年 4 月的时候则只要 980 日元（但是不附送特制内容）。

那么像这样随着时间的推移逐渐降价的策略，究竟有什么样的效果呢？

图 3–1 是为了便于说明而假设的情况，现实情况将会更加复杂。现在假设住在某地的居民共 20 万人，希望购买某张数字激光视盘的大约有 10 万人。将这 10 万人购买这张数字激光视盘时愿意支付的价格分为几组，按照由高到低的顺序从左向右排列（见图 3–2）。

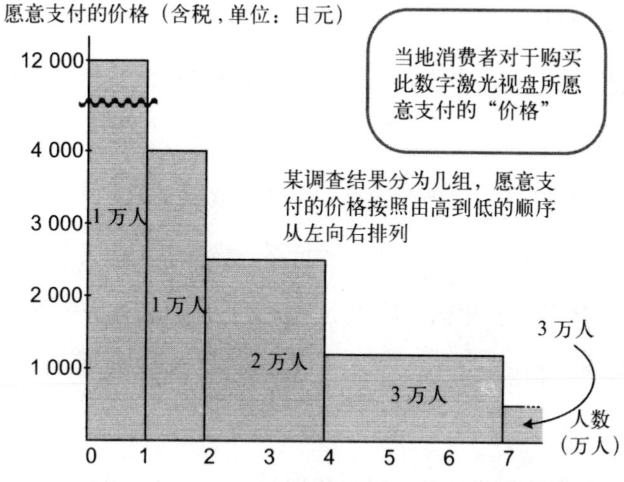

图 3–2　消费者愿意为数字激光视盘支付的价格

最左边的 1 万人愿意为购买这张数字激光视盘支付 1.2 万日元。这组右边的 1 万人愿意支付 4 000 日元，再右边的 2 万人愿意支付 2 500 日元，再右边的 3 万人愿意支付 1 200 日元，最后剩下的 3 万人愿意支付 500 日元。

那么，站在数字激光视盘生产厂商的立场上，应该如何定价呢？我们作为消费者要想在购物时做出最合理的判断，需要事先掌握商家采取的定价策略。而要想了解对方的定价策略，最好的办法就是站在对方的立场上进行思考。

对于刚才所说的那个问题，商家一定会进行如下思考。如果一开始就以 1 575 日元的价格销售，那么从左边开始三组的消费者合计 4 万人都会以 1 575 日元的价格购买。1 575 日元 × 4 万人，得到 6 300 万日元的销售额。

分别计算销售额再进行比较有点麻烦，让我们通过图 3–3 来进行分析。上下两个表格中的内容都是根据图 3–2 中消费者愿意支付的价格计算出来的。

首先看图 3–3 中上方的表格，一开始就以 1 575 日元销售的销售额，用灰色的部分表示。纵轴表示价格、横轴表示购买人数（等于销售数量），因为“销售额 = 价格 × 数量”，所以在这个表格中用长方形的面积表示销售额。接下来，让我们以销售额为基准，比较其他定价策略的效果。

如果商家希望将产品同时卖给那些愿意支付 1 200 日元或只愿意支付 500 日元的消费者，那么一开始就将价格定为 500 日元，10 万人都会购买。这个时候的销售额虽然在上图没有显示，但简单计算一下就会发现，500 日元 ×10 万人 =5 000 万日元，销售额减少了。

而且对于商家来说，难得有愿意支付 1.2 万日元和 4 000 日元的消费者，对于这些人应该尽可能高价卖给他们。于是商家就会采取随着时间的推移而不断降价的策略（时间差策略），进行差别定价。

这个效果通过图 3–3 中下方的表格可以很明显地看出来。销售期间的总销售量，依然是被涂成灰色的部分。

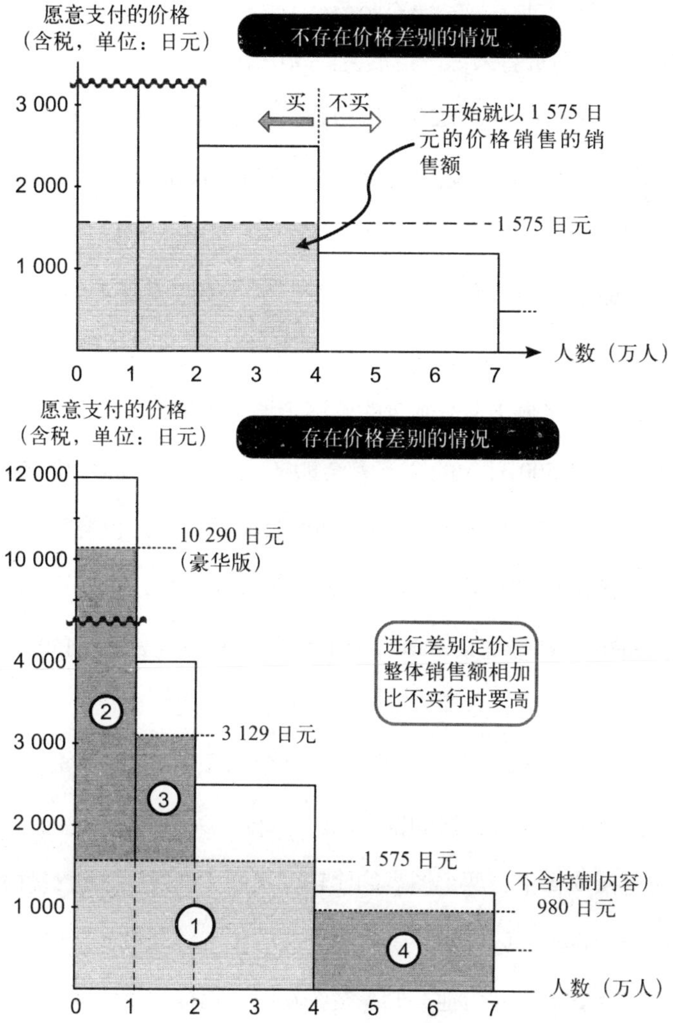

图 3–3　差别定价的效果

最开始以 3 129 日元（同时发售的豪华版定价 10 290 日元）销售的时候，消费者并不知道此产品将来会不会降价（就算知道会降价，也不知道什么时候降价）。因此，只要售价低于消费者的心理底线，他们就都希望能够早一点买回去欣赏。对于那些愿意支付 1.2 万日元和 4 000 日元的消费者来说，自然会很痛快地买下产品。

特别是那些愿意支付 1.2 万日元的人，可以说是相当狂热的粉丝，对价格根本不在意，所以如果有附送大量特制内容的豪华版，他们就一定会购买豪华版。在这里为了进一步简化说明，我们假设第一组的 1 万人全都购买了 10 290 日元的豪华版。另外愿意支付 4 000 日元的人都购买了 3 129 日元的标准版。

随后，商家将数字激光视盘的价格下调到 1 575 日元。这时，那些只愿意支付 2 500 日元的 2 万人会购买。接下来，再将价格降到 980 日元，这时，那些只愿意支付 1 200 日元的 3 万人也会购买。

这样定价的销售额合计见图 3–3 中下方的表格，以灰色部分表示。虽然看上去有些复杂，但实际上就是①～④号长方形的面积之和，之所以这样区分，是为了便于和上方的图表进行比较。其中①部分的销售额与上方图表的销售额相同，其余的②③④部分就是采用了差别定价策略之后额外获得的销售额。

通过对图 3–3 上下两个图表的比较，我们不难发现，随着时间推移形成的差别定价可以实现“肯出高价买的顾客就高价卖给他，只买便宜货的顾客就低价卖给他”的策略，从而大幅提高销售额。

现实世界中的情况要比前文的例子复杂得多，因为消费者究竟愿意支付多少钱来购买产品是商家无法估计的。

即便可以利用以前的数字激光视盘的销售数据和读者调查表来进行分析，但是每个人对电影的评价都是不同的，所以消费者不一定都按照调查表的数据来行动。这种情况下的调查与分析，恐怕只能得到极少且错误的信息吧。所以，理想的调查数据，在现实中是绝对不可能得到的。

但是也正因为如此，对于销售数字激光视盘的商家来说，与一开始就以固定价格进行销售相比，还是采取随时间的推移逐渐降低价格的策略更有利可图。

如果商家知道定价在 1 200 日元以下会有 7 万人购买，那么他们就可以做出如下判断：一开始就以固定价格 1 200 日元进行销售，会有 7 万人购买，销售额 8 400 万日元。

但现实中谁也不会有这么准确的信息，所以当价格定在 1 200 日元的时候有可能出现只有 4 万人购买（另外 3 万人只接受 1 200 万日元以下的价格）的不理想情况。相反，还有可能一开始定价太低，结果销量远超预期，商家就会产生“如果当初定价再高点就好了”的后悔心理。

由此可见，一开始以高价进行销售，随着时间推移逐渐下调价格，这种策略对于商家来说是最合理的。

最近在便利店的显眼位置也出现了 999 日元或 980 日元的电影数字激光视盘。给人一种现在的数字激光视盘价格下限就在 1 000 日元左右的感觉（不过，由于定价 980 日元的数字激光视盘是积压商品，也有进一步降价的可能）。

但是今后电影数字激光视盘的价格还会继续下降吗?

在之前的说明中都只是关注了销售额，但对于商家来说最关心的还是利润（利润=销售额-成本）问题。从利润的角度考虑，成本是决定价格下限的重要因素。但是对于数字激光视盘来说，每张光盘的生产和销售成本实际上非常低，所以在之前的说明中完全没有考虑成本因素。

现在有很多过了著作权保护期的电影数字激光视盘以500日元的价格进行销售。同样的数字激光视盘在百元店之中售价210日元（有时百元店里也出售210日元和315日元的数字激光视盘）。

虽然这些作品因为画质和音质问题，与现在售价几千日元的数字激光视盘相比处于劣势，但即便如此，被称为“名作之中的名作”的《罗马假日》（奥黛丽·赫本主演）的数字激光视盘在一般书店中也能够以500日元（也有标价210日元的）的价格销售。但是，对于像《罗马假日》这种1953年上映的电影，在是否已过著作权保护期的问题上，社会舆论持不同看法，并引起了争论。

因此只考虑成本的话，现在售价980日元的电影数字激光视盘还有继续降价的空间。但是从商家的角度考虑，对现实情况做出判断是比较困难的。

根据平均成本和消费者愿意支付的价格给商品定价

接下来，让我们简单地分析一下当商品与服务以某种价格进行销售的时候，商家与消费者的利益权衡问题。请见图 3–4。

对于以出售商品和服务为主的企业来说，除了由于某些特殊的原因而不得不承担的亏损之外，商品的售价一定要高于其平均的生产和销售成本之和，即平均成本（也有其他情况，将在第六章中进行说明）。售价与平均成本之间的差额就是企业的利润。

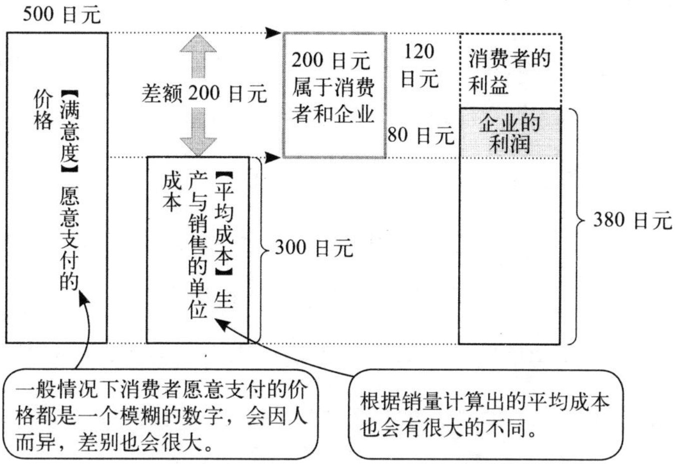

图 3–4　兼顾消费者满意度与成本定价

另一方面，对于消费者来说，如果无法以其愿意支付的价格购买产品的话，他们就不会选择这种商品或服务。消费者只会购买价格低于他们愿意支付的价格的商品或服务。他们愿意支付的价格与商品实际价格之间的差额，可以看作消费者得到的利益。

图 3–4 显示的是消费者愿意支付 500 日元购买某一商品的情况。假设商品生产与销售的单位成本为 300 日元，那么企业需要将价格定在 300 日元以上。

两者之间 200 日元的差额，即此商品在销售中所产生的利润，将由消费者和企业分别获得，究竟应该怎么分配就取决于定价了。

因为价格应该定在 300~500 日元这个范围之内，我们假设定价为 380 日元。原本愿意支付 500 日元的消费者以 380 日元就可以买到商品，对他来说等于节约了 120 日元。这 120 日元就是消费者在交易中得到的利益。

企业将每个成本 300 日元的商品以 380 日元卖出，得到 80 日元的利润。企业的利润（80 日元）与消费者的利益所得（120 日元）加在一起，就是 200 日元。假设售价为 450 日元，则企业的利润是 150 日元，消费者的利益就变为 50 日元了，但总利益还是 200 日元不变。由此可见，定价决定了消费者与企业之间利益的分配。

当然，现实情况更加复杂。平均成本会随着生产和销售的量的变化而发生变化，消费者愿意支付的价格也只能反映其个人主观的意愿，是十分模糊的，会因人而异，差别也会很大。

比如一件消费者只愿意支付 500 日元的商品售价 800 日元，消费者会认为它的售价太高而不会购买。但当这件商品连续不断地销售出去之后，有的人也许会改变之前的看法，认为“有这么多人愿意出 800 日元购买，也许这件东西真值 800 日元”。相反，当百元店之中出现和这件商品差不多的商品时，也许会有人认为“100 日元就能买到差不多的，也许这件东西就值 200 日元吧”。然而，也会有人依旧坚持 500 日元的看法。

在现实中还需要考虑交易成本的问题。即便消费者愿意支付 500

日元的商品售价 380 日元，如果为了去购买该商品而要花费 200 日元交通费，那么总价就变为 580 日元，理智的消费者是不会这样做的。

另外，企业所实现的成本节约，能够增加总收益，使消费者和企业双方都得到实惠。节约交易成本也有同样的效果（关于这一点将在第五章中通过典型案例进行介绍）。

综上所述，在真正的交易活动中需要考虑的问题很多，但作为基本原则，企业应将售价设定在消费者愿意支付的价格与平均成本之间。而且，定价决定了消费者与企业之间利益的分配。

那么，企业应该如何定价呢？如果将售价定在300~500日元，那么，定价越接近300日元，企业的利润越少（消费者的利益越多）；定价越接近500日元，企业的利润越多（消费者的利益越少）。

基本款汽车比高级配置款汽车的利润率低得多

虽然听起来令人感觉不舒服，但对企业来说最理想的定价，必然是“肯出高价买的顾客就高价卖给他，只买便宜货的顾客就低价卖给他”。

考虑一下汽车和家电产品，我们不难发现，明明是同一种商品，却有很多不同价格的系列产品。比如同一家汽车制造商生产的同一款汽车，只在附加功能上稍微有些区别，却有完全不同的价格。

可以搭乘 4~5 个人，具备基本代步功能的汽车只要 100 万日元左右。而那些为了追求驾驶舒适度，增加了许多附加功能的汽车却要几百万甚至几千万日元。在日本的街道上，行驶着各种各样的汽车。

再看家电市场，不论洗衣机、吸尘器还是电冰箱，都有许多不同款式的商品以各种各样的价格销售。像电视机、数码相机、DVD 播放机、个人电脑等主流家电产品，在商场中展示的款式就超过 10 种。

这种情况下，让我们分析一下只具备基本功能的商品和设计新颖还有诸多附加功能的商品的定价方式。

我们以某钟表生产商制造的 4 款手表为例进行说明（实际上生产商会生产更多款式）。具备基本功能的款式我们称为“基本款”。其他款式要么拥有精美的设计，要么拥有其他厂商生产的手表所不具备的独特功能。

我们将稍微附加了一些功能的称为“中级款”，附加了更多功能的称为“高级款”，具备全部功能的称为“顶级款”，4 种手表同时销售。

具体的定价，如图 3–5 所示。基本款在生产成本是 8 000 日元，销售价格 1 万日元的情况下，每块能够获得 2 000 日元利润，利润率（单位利润 ÷ 价格）为 20%。

因为平均成本 8 000 日元是配备基本功能所需要消耗的成本，所以我们将其他款式基本功能部分的成本也看作 8 000 日元。

如果其他部分还有间接成本（销售成本），就要从 2 000 日元的利润之中减去这一部分，那么 20% 的利润率（如果减去间接成本的话会更低）很明显是达不到的。

接下来看中级款，虽然附加功能的存在使平均成本上涨了 3 000

日元达到1.1万日元，但是其销售价格设定在1.5万日元，所以每块能够获得4 000日元的利润。与基本款相比，虽然价格只增加了一半，利润却提高了一倍。因为利润率提高了，所以就算减去间接成本，也会有可观的利润。

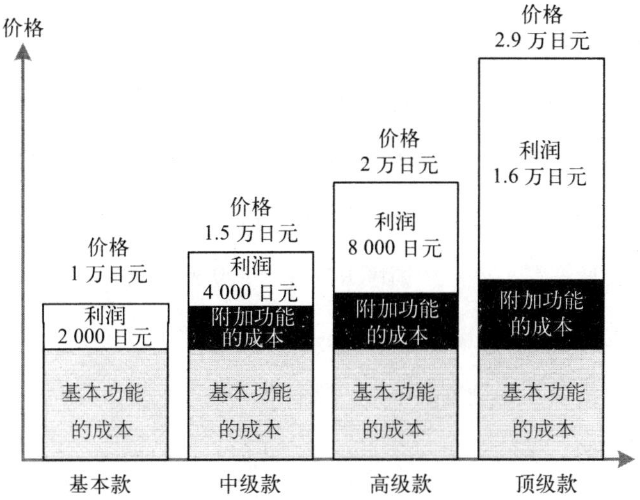

图 3–5　通过独特的附加功能获取利润

高级款的附加功能虽然使平均成本上涨了4 000日元，价格却比基本款增加了1万日元，达到2万日元。单位利润8 000日元，利润率达到了40%。而顶级款的平均成本虽然高达1.3万日元，其定价也水涨船高超过其成本的两倍达到2.9万日元，利润率高达55%。

通过这样的定价，能够使消费者愿意支付更高的价格去购买附加了多种吸引人的功能的商品。根据日本经济产业省的调查显示，认可“如果有吸引自己的地方，就算高价也会买”的消费者占到了76%。

根据图 3–5 的手表销售例子，经济产业省还进行了另一项调查，发现在购买手表的时候，消费者最重视的因素是“设计”。

现实中的定价要比这个图表复杂得多，但基本的思路是一致的。一般来说，附加功能越多的高级产品（或者高级服务），企业的利润率也越高。企业提供的从低端到高端的一揽子产品中，价格越高的产品，企业的利润率也越高。

汽车行业也是如此，制造商生产处于各种价格区间的产品，售价 100 万日元的普通汽车利润率很低，而售价 500 万日元的高级汽车的利润率相当高。所以对汽车制造商来说，与其销售 10 台售价 100 万日元的普通汽车，还不如销售 1 台售价 500 万日元的高级车，后者能够获得的利润更多。

在高级餐厅的晚餐菜单中，既有 5 000 日元的套餐也有 2 万日元的套餐，但后者的菜量却并非前者的 4 倍。一般来说，2 万日元的套餐在味道上会更有特色，而对于餐厅来说，2 万日元套餐的利润率也更高。

当然，企业有时也会采取完全相反的做法。比如为了宣传自身的技术实力和产品的高品质，企业会将具有许多附加功能的高级产品或费时费力的高级料理以相较而言极低的价格销售，甚至有时不惜亏本销售。还有许多其他情况。但是，作为企业的基本原则，给具备高级功能的商品设定一个能带来高利润率的价格还是比较合理的。

设计独有的附加功能以实行差别定价策略

为什么只具备基本功能的商品或服务只能够获得极低的利润（提高定价比较困难），而拥有附加功能的商品或服务却能够提高定价呢？

从理论上来说，尽可能将商品以高价卖给那些愿意出高价的消费者，这种定价方法需要以**垄断**为前提。某种商品或服务只有一家企业能够生产与销售的情况就被称为垄断。在没有竞争企业存在的情况下，垄断企业（处于垄断状态下的企业）有定价权。

相反，如果很多企业都在生产、销售类似的商品或服务时，就会有企业采取降价的手段来吸引顾客，导致各家企业纷纷降价竞争，最终每家企业只能得到极低的利润率。

企业间通过降价争取顾客的竞争被称为价格竞争。那些处于激烈的价格竞争之中的企业，很难做到提高定价或采取差别定价的策略。比如一部新电影的数字激光视盘，在只有拥有该电影版权的企业在市场上销售该光盘的情况下，就可以采取差别定价策略。但是著作权保护期过后，其他企业也可以销售，这时所有企业只能统一以 210 日元或 500 日元的价格销售了。

我们作为消费者所购买的大部分商品或服务，都有很多家公司在生产与销售。因此，像家电产品、汽车、服装、餐具以及生活用品等商品，因为在基本功能上和其他公司生产的产品基本相同，所以在外观设计与独特功能上下功夫以区别于其他公司的产品，是大家普遍采用的方法。

在这种情况下，因为很多企业都在生产同类产品，所以那些只拥有基本功能的产品将置身于激烈的价格竞争中，任何企业都很难为这种商品提高定价，其利润率也就很低。另一方面，对于那些具有独特功能，并能够以此来吸引消费者购买的产品，企业可以作为拥有这些独特功能的垄断企业来给产品定高价。

这样，如图3–5所示，针对愿意支付高价来购买商品的顾客，企业应该推出众多具备独特功能的产品，尽可能提高定价。而对于那些只愿意购买低价产品的顾客，可以将只有基本功能的产品便宜卖给他们。即便在市场竞争十分激烈的情况下，只要自己生产的产品具有独特的功能，一样可以利用这一点来进行差别定价。

基本功能类产品竞争激烈，以特殊功能形成垄断的是那些拥有独特设计的产品。例如，即便时钟的基本功能都很相似，但在设计上却无法完全相同（如果完全相同的话，就会成为违法的仿冒品）。在设计上，哪怕是非常细小的差别都会产生完全不同的消费者评价，所以在某种程度上模仿别人成功的设计，很难受到同等程度的欢迎。

在那些只拥有基本功能的商品以极低的价格进行销售的同时，其他仅仅在设计上稍有不同的类似商品却以惊人的高价销售。比如基本功能完全相同的手表，便宜的只要1 000日元，而仅仅在设计上稍微精美一些的手表就能够卖到10万日元。

家电产品也有很难通过增加附加功能来提高利润率的情况，比如我前文提到的数码相机不断降价的例子。数码相机之所以不断降价，是因为它不仅要面对其他公司同类产品的竞争，还要面对自己公司推出的新产品的竞争。

因为企业的目标是追求更多的利润，所以即便通过规模经济效应成功降低了平均成本，也没有必要同时降低价格。因此企业需要开发出具有独特的附加功能的产品，从而尽可能维持能够带来高利润率的价格。

即便如此，不管是独特的设计也好，还是附加了便于操作的功能（如防抖功能等）也罢，只要有一家企业在产品中加入了这些功能，其他的企业也会立刻开发类似的功能并加入它们的新产品之中。所以，就算能够通过某种新功能获得一时的高利润率，但很快这种功能就会普及，于是它就不再是能够带来高利润率的独特功能了（或者会被看作基本功能的一部分）。

企业在给商品定价的时候，原则上需要将价格定在消费者愿意支付的价格和企业的平均成本之间。而这个价格更偏向于哪一方，则取决于市场竞争的激烈程度。

虽然也有其他因素对价格产生影响的情况，但绝大多数情况下，企业都可以利用拥有独特功能的产品来实施差别定价策略，尽可能将价格定在消费者愿意支付的价格的范围内。但是，那些只具备基本功能的商品以及只有大众化的附加功能的产品，在激烈的市场竞争下，只能够以接近平均成本的价格来销售。

第四章

为什么手机的计费方式格外复杂？

——通信公司利用各种各样的方法来区分手机用户

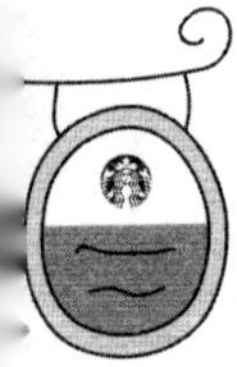

针对不同类型的手机用户推出不同的资费方案

让我们通过手机话费的例子来看一看通信企业的价格策略。本章内容以本书写作时（2007 年 5 月末）日本的手机话费为研究对象，对通信企业设定话费时所采取的策略进行分析说明。

都科摩通信技术研究中心（NTT DoCoMo）、au（日本知名通信公司）、软银等通信公司，不管你选择其中哪一家的服务，都必须从它们提前制订好的资费方案中选择一项适合自己的。同时它们还会提供很多可供选择的折扣方案。

这是看上去非常复杂的资费体系。为什么各个通信企业都乐此不疲地制订这么多复杂的资费方案呢？通过差别定价策略就能够很好地解释这一点。

为了便于大家理解我的思考方式，我们先来看一个简单的例子。请看图 4–1，假设有两种类型的手机用户。A 类型的用户只在必要的时候使用手机打电话，平时几乎很少使用手机，所以他们的通话时间非常短，一个月只有 100 分钟左右。而且，因为是非常必要的通话，所以他们愿意支付的价格（电话费）高达每分钟 70 日元。

图中横轴是一个月的通话时长（分），纵轴是消费者愿意支付的价格（每分钟的电话费），长方形的面积就是消费者一个月愿意支付的电话费总额（ 价格 × 通话时长）。A 类型的消费者，一个月愿意支付的话费总额是 7 000 日元。

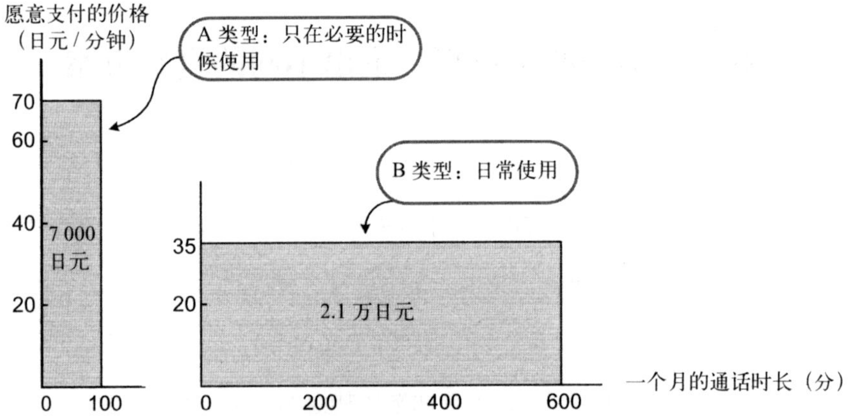

图 4–1　假设存在两种类型的手机话费消费者

B 类型的用户是“日常使用”型的，每天都会打很多电话。因此，他们每分钟只愿意支付 35 日元的话费，但一个月的通话时长在 600 分钟左右。他们每个月愿意支付的话费总额高达 2.1 万日元。

我们假设在这种情况下，不管是 A 类型的手机用户还是 B 类型的手机用户，如果实际支付的话费总额超过了他们愿意支付的金额，那么就不会选择通信公司的服务。而且为了便于说明，不考虑需要支付的手机费用和其他各种费用。

通信公司希望能够尽可能多地从这两种类型的手机用户身上得到最大的利益，因此，它们首先要让这两种类型的手机用户都接受它们的资费服务。通信公司最科学的做法是针对这两种类型的手机用户，分别推出不超过他们各自愿意支付的话费总额的资费方案。

假设通信公司提出了如图 4–2 所示的两种资费方案。手机话费包括与通话时长无关的“基本费用（固定费用）”，还有根据通话时长收费的“通话费用（变动成本）”。

资费方案	基本费用	通话费用
节约基本费用	每月 2 000 日元	每分钟 40 日元
节约通话费用	每月 7 500 日元	每分钟 20 日元

情况① 没有“免费通话时间”
情况② 具有可以累积的“免费通话时间”
每个月可以免费使用与基本费用相同金额的通话费用！
没有用掉的免费通话时间，可以累积到下个月继续使用！

图 4–2　手机的资费方案

消费者可以根据自己的需求选择这两种资费方案之中的任意一种，选择“节约基本费用”的资费方案，基本费用为每月 2 000 日元，通话费用为每分钟 40 日元。这种资费方案虽然节约了基本费用，但每分钟的通话费用相对较高。另一种是“节约通话费用”的资费方案，基本费用每个月高达 7 500 日元，但通话费用每分钟只要 20 日元。

最近，还有每个月免费送通话时长的服务出现，也就是免费通话服务。为了方便说明，让我们先从没有免费通话的情况说起，随后再分析有免费通话的情况。

图 4–3 显示了选择不同资费方案的手机用户的每月通话费用。在没有免费送通话时间的情况下，A 和 B 两种不同类型的手机用户所支付的手机话费金额以图形面积表示。

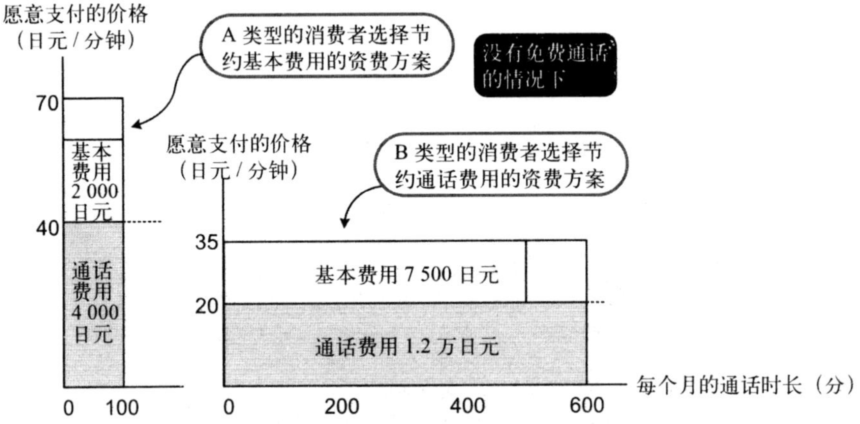

图 4–3　两种资费方案所造成的价格差别

对于通话时长很短的 A 类型手机用户来说，节约基本费用的资费方案更适合。也就是说虽然每分钟的通话费用高达 40 日元，但他们一个月的通话时间只有 100 分钟左右，通话费用也就是 4 000 日元，加上基本费用 2 000 日元，每个月也只有 6 000 日元的话费而已。这个金额低于 A 类型手机用户愿意支付的 7 000 日元的心理价位，所以他们会选择这种资费方案。

通话比较多的 B 类型手机用户，选择节约通话费用的资费方案比较合适。每分钟20日元，通话600分钟的话，每个月的通话费用为1.2万日元，再加上7 500日元的基本话费，每个月的话费总额合计1.95万日元。因为B手机用户愿意支付的话费金额为2.1万日元，所以他们会选择这种资费方案。

如图4–3所示，通信公司的资费方案取得了极大成功。不管哪种类型的手机用户都支付了十分接近他们心理价位的话费金额。这就是通信公司推出两种资费方案的好处。

如果只有一种资费方案，又会是怎样的结果呢？只有节约基本费用的资费方案的话，通话费用每分钟40日元，B类型的手机用户（每分钟只愿意支付35日元）就不会选择这项资费方案。

如果只有节约通话费用的资费计划，那么A类型手机用户就不会选择这项资费方案了。因为基本费用7 500日元就已经超过了他们愿意支付的7 000日元。

只准备一种资费方案，又想同时获得两种不同类型的手机用户，那就只能下调基本费用和通话费用的金额，使之满足所有手机用户的要求。

也就是说，对于通信公司来说，在知道存在两种不同类型的手机用户的情况下，推出两种不同类型的资费方案才能够最大限度地增加话费收入。而且，从通信公司的角度来说，不必去费力分析目标人群属于哪种类型的手机用户。只要手机用户自己选择最适合他们的资费方案，就很清楚地表明了其身份。

现实中存在的手机用户类型要比上述两种复杂得多，因此通信公司所推出的资费方案也远远多于两种。但不管多少种资费方案，都不会脱离前文所述的思考方法。通信公司准备多种资费方案的目的，就是为了针对不同的手机用户实施差别定价策略，尽可能多地增加话费收入。

在日本有好几家有实力的通信公司，通信领域没有形成垄断，所以很难像图 4–3 那样将价格定在接近消费者心理预期的水平，甚至在某种程度上还必须进行降价竞争。

2005—2006 年，各大通信公司都通过电视广告和其他媒体大规模地宣传免费通话服务，以及针对特定对象（朋友、恋人、家人等）的通话优惠服务。这也可以看作一种降价竞争。针对特定对象的优惠服务我们随后讨论，先来看一看免费通话服务的效果如何。

比如赠送 2 000 日元话费的服务，就是在你需要支付的总话费里面扣减 2 000 日元。如果你当月话费低于 2 000 日元，那么这个月的通话费用全免（但不会倒找你钱）。比如说你上个月的通话费用只有 1 500 日元，那么你的通话费用就是免费的，但因为有 2 000 日元的免费通话额度，所以你会觉得浪费了 500 日元。

因为会出现这种情况，所以通信公司增加了可以将上个月剩余的免费通话额度累积到下个月的服务。虽然不同的资费方案附带免费通话的时间也不一样，但大致的原则是，基本费用越高的资费方案，免费通话的时间越长。

为了方便说明，假设赠送的免费通话额度与基本费用相同，而且没用完的免费通话额度将累积到下个月。那么 A、B 两种不同类型的手机用户会选择哪种资费方案，又将分别支付多少话费呢？请见图 4–4。

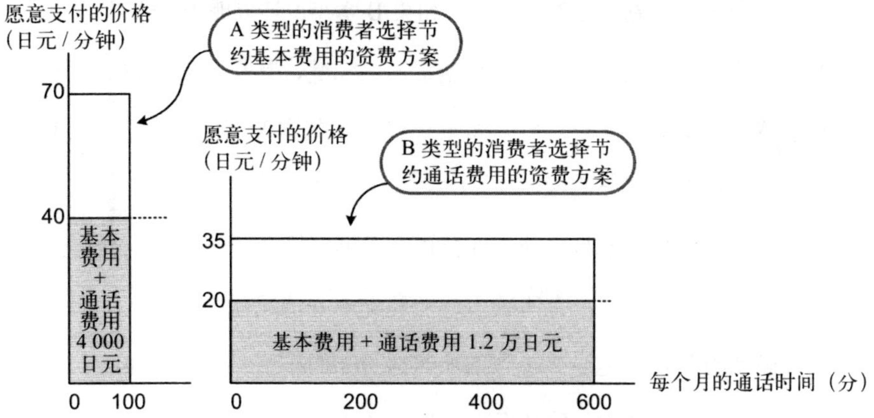

图 4–4　基本费用与等额的免费通话时间同时存在的情况

图 4–4 中长方形部分表示的是话费的合计金额。A 类型手机用户选择节约基本费用的资费方案，每个月的话费为 4 000 日元。其中 2 000 日元是免费通话，另外 2 000 日元是基本费用。基本费用与通话费用的合计金额为 4 000 日元。

如果 A 类型手机用户选择节约通话费用的资费方案，那么只需要支付基本费用 7 500 日元就可以将通话费用涵盖到免费通话的范围中来。这种情况下，免费通话的 7 500 日元只花费了 2 000 日元，剩余 5 500 日元的免费通话额度就都累积到下个月了。

也就是说，用不完的免费通话额度会不断地累积下去。所以，对 A 类型的手机用户来说，还是选择节约基本费用的资费方案更为合理。

B 类型的手机用户选择节约通话费用的资费方案，通话费用为 1.2 万日元。其中 7 500 日元的免费通话费用与基本费用相抵销，最终话费的合计金额为 1.2 万日元。如果 B 类型的手机用户选择节约基本费用的资费方案，那么即便有免费通话额度，其需要支付的话费总额也将高达 2.4 万日元。所以如果只有节约基本费用的资费方案，B 类型的消费者就不会选择了。

通过比较我们不难发现，在提供免费通话服务的情况下，通信公司的收入在一定程度上有所减少，但现实中的情况却更加复杂。因为免费通话服务有时还能够起到增加通话时间的作用。但即便如此，多家通信公司在激烈竞争的情况下，通过提供免费通话服务等形式而产生的降价竞争的确给消费者带来了实际利益。

日本的通信公司所推出的免费通话时间累积服务，实际上是有一定限制的。比如 au 公司的免费通话服务虽然没有时间限制，但没有用掉而累积下来的时间却有上限，也就意味着无法将没用掉的免费通话时间无限期地累积起来。

没有其他选择的手机用户只能承受高额话费

手机的资费体系之所以复杂，是因为在大量的资费方案之中还包含着各种各样的优惠服务，比如与朋友、恋人或家人等特定对象之间的通话优惠服务，可以事先指定几个人加入其中，享受优惠的资费方案。这也是通信公司下大力气宣传的卖点之一。

手机的话费优惠服务，又分为基本费用的优惠和通话费用的优惠两种。接下来，我将以通话费用的优惠为例，分析一下这种策略的效果。并且对 NTT DoCoMo 和 au 之所以会采取这种优惠服务的原因加以说明（软银的资费体系和优惠服务将在第九章进行分析）。

针对朋友、恋人和家人等特定对象的通话优惠服务，实际上也是企业所采取的差别定价策略的典型例子。对于那些通话时长对通话费用有十分明显的影响的用户，在定价上就需要尽可能低（推出优惠服务）。

为了便于大家理解，我将使用手机进行的通话分为以下两种：(1) 与朋友、恋人、家人之间的通话；(2) 工作上的通话。通信公司对这两种性质不同的通话比较关心的问题是，在降低通话费用时，两者分别能够增加多少通话时长。

前者的情况下，一旦通话费用降低，即便可以明天再说的话也会因为不在意话费而继续闲聊下去。相反，当通话费用过高时，通话的时长就会明显减少。

后者是工作上的通话，为了把工作的内容说清楚，必须通过电话来联系。即便通话费用很高，在通话时长上也没有多少缩短的余地。

了解消费者心理的通信公司，对于那些降低话费之后就会增加闲聊时间的“与朋友、恋人、家人之间的通话”，会通过推出优惠服务的方式来降低话费，尽可能让用户增加通话时长。另一方面，对于就算通话费用上调也极有可能无法缩短通话时长的“工作上的通话”，就尽可能设定较高的资费标准。

对于通信公司来说，即便在与其他公司的竞争中不得不降低价格，但同时也要尽量避免将所有不同类型的通话费用全都降低。只降低对降价反应比较敏感的手机用户的通话费用是最明智的选择。而对于那些必须通过手机来联系的情况，通信公司则会尽量设定较高的资费标准。“没有其他选择的情况下就可以开出高价”这种方法，也是通信公司经常采用的差别定价策略之一。

当然，通信公司不可能对用户的每一次通话都分别设定不同的话费标准（而且对于用户如何使用电话，通信公司也无法掌握），因此只能针对通话对象来设定相应的话费。

虽然在之前的说明中，我们假设“与朋友、恋人和家人之间的通话”对降价反应比较敏感，但在现实生活中，究竟与什么样的对象通话具有这种特点，只有用户本人知道，而通信公司是不知道的。

针对这种情况，通信公司允许客户自己指定享受优惠服务的通话对象。也就是说，从通信公司的角度来看，由用户自己指定享受优惠服务的通话对象，增加通话时长的可能性更大。

实际上在通信公司的资费体系之中，还有很多适用于通话费用和基本费用的优惠服务。因为即便在与其他公司的竞争中不可避免地需要降低价格，但对于通信公司来说，还是要尽量避免整体通话费用和基本费用出现下降。因此只针对降价后效果明显的部分采取优惠服务等策略进行降价竞争，才能够保证在差别定价的基础上，保持自身的竞争力。

害怕麻烦的手机用户会成为差别定价的牺牲品

日本的手机资费方案已经很复杂了，还时不时地推出新的资费方案和新的优惠服务。因此，那些每个月都在支付大笔手机话费的用户，应该定期在自己选择的通信公司和其竞争对手的资费方案之间进行比较，寻找有没有更适合自己的资费方案，或者是否应该换到另一家通信公司，这样或许能够大幅节约手机话费。

实际上，关于资费方案的变更，也与差别定价策略息息相关。我们假设手机用户分为以下两种。

（1）定期检查资费方案和手机话费，按照实际情况挑选最适合自己的资费方案（在必要的情况下可以增加或取消优惠服务）的手机用户。

（2）对资费方案不是很熟悉，也不会检查手机话费，一旦选择了某个资费方案或优惠服务就会一直用下去的手机用户。

第一种手机用户对价格变化十分敏感，买东西的时候希望“尽可能便宜”，实际上也会为此不惜付出更多努力。第二种手机用户对价格变化比较迟钝，就算价格“稍微高一点也没关系”。

因为通信公司推出的资费方案相当复杂，很少有人能够一开始就选到最适合自己的资费方案。但是如果经常变更自己的资费方案，那么在进行调查、思考和办理手续的时候都需要花费交易成本。

有的人最初选择的资费方案很有可能包含自己用不上的优惠服务，或者没有选择对自己最有利的优惠服务，从而白白花掉很多钱。

比如一个手机用户，如果选择合适的资费方案，每个月只要交7 000日元手机话费就足够了。而如果他一开始选择了不合适的资费方案，就会导致每个月需要支付1万日元话费，这样的情况时有发生。让我们来看一下图4–5的例子。

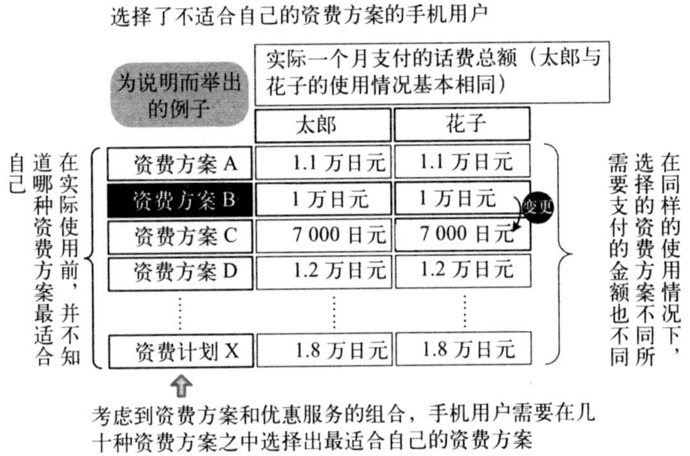

图4–5　资费体系复杂的原因

太郎和花子的手机使用情况基本相同，而且都在一个月前选择了同一家通信公司的资费方案。这家公司有7种基本的资费方案，还有许多优惠服务，组合起来会有几十种资费方案。

面对这样丰富多彩的资费方案，在实际使用之前很难判断究竟应该选择哪一个。因此在手机经销商的推荐下，太郎与花子都选择了“资费方案B”。

一个月之后，两个人根据自身的实际使用情况，结合每种资费计划进行计算，所得结果如图4–5所示。因为太郎与花子选择的都是

“资费计划 B”，所以这个月他们都需要支付 1 万日元的话费，而如果他们选择“资费计划 C”则只需支付 7 000 日元。

在他们两个人之中，花子是一个很认真的人，也就是之前所说的第一种类型的手机用户。她立刻察觉到只要将自己的资费方案和优惠服务稍做调整，每个月就可以节省 3 000 日元。第一种类型的手机用户，有可能在一开始就能够选择出最适合自己的资费计划。

太郎则是一个讨厌麻烦的人，也就是第二种类型的手机用户。他没有改变资费方案，每个月还是支付 1 万日元。这种类型的手机用户很容易在一开始就选择更加费钱的资费方案。

这就是典型的差别定价策略。即便使用手机的习惯基本相同，第一种类型的手机用户只需支付 7 000 日元，而第二种类型的手机用户却要支付 1 万日元。

另外，当新的资费方案出现或者手机用户使用手机的习惯发生巨大变化时，手机用户通过更改资费方案和选择其他优惠服务，也能够达到节约支出的目的。但是在这种时候，第一种类型的手机用户能够节约话费，而第二种类型的手机用户还是会继续支付高额话费。

这也是差别定价策略，而且仅仅通过一个复杂的资费体系，就能够根据手机用户的行为来自动地实施差别定价策略。这对通信公司来说实在是一个非常好的办法。

于是，发觉这种差别定价策略十分有效的通信公司，在导入新的优惠服务降低价格的同时，也会尽可能保持这种复杂的资费体系（或者说尽可能使之更加复杂化）。于是，就形成了现在这种相当复杂的资费体系。

在这种情况下，增加手机用户在改变资费方案时需要消耗的交易成本，能够使差别定价策略得以实施，从而可以提高通信公司的收益。也就是说，企业之所以能够成功地实施差别定价策略，手机用户的交易成本是关键所在。

手机用户的交易成本中最关键的部分之一，就是信息的收集和整理以及分析这些信息所需要消耗的时间和精力。我们将其称为“信息成本”。

那些准备了复杂的资费方案，意图实施差别定价策略的通信企业，一般情况下，都会尽量提高手机用户的信息成本。这种行为最明显地体现在广告和宣传册上。图 4-6 是一个广告的例子，其在明显位

需要认真阅读的“广告”和“宣传册”（括号内为“言外之意”）

手机话费超便宜！

通话也好，邮件也好，都免费

※ 通话和邮件对象为〇〇和◎◎和△△时除外（与这些对象进行通话和发送邮件之时，还会收取相当高的费用）。※ 电话使用高峰时段的晚上 8 点到凌晨 1 点之间的通话会产生相当高额的通话费用。※ 登录本公司手机频道主页之外的网页，会产生相当高额的费用。※ 基本费用优惠只在第 1 个月有效，第 2 个月开始就算什么都没做也会产生高额的费用（第 2 个月之后也希望继续享受优惠的客户，请自行办理其他业务的停止手续）。※ 与◇◇签约，需要支付手续费。※3 年内不可解约（如果一定要解约的话，需要支付相当高额的违约金）。※ 优惠活动“××× 定额”即将停止（对于知道这一活动的用户，还会继续提供服务，但尽可能不让更多的用户知道）。※ 公司经常会更改资费体系。※ 合同书中的详细内容必须由用户本人认真确认。※ 因为理解上的错误而签约的客户，本公司概不负责。

图 4-6　广告的“消费者能力测试”

置只强调了“便宜”和“免费”等优势，而真正重要的内容则全都以很小的字写在不显眼的下方。

这样的广告在甄别客户上具有十分出色的效果。那些连广告和宣传册上的小字都一字不落读完的人，才能够真正选出便宜的资费方案，而那些不去细读、只看明显优点的人，实际上很容易选择那些价格高昂的资费方案。在这种情况下，通信企业能够在为具有丰富经验和判断力的人提供便宜资费的同时，向那些没有经验和判断力的人收取高额资费，从而成功地实施差别定价策略。

企业将这些对手机用户有利同时也是非常重要的信息，以不显眼的小字写成非常难以理解的文案，放在广告和宣传册非常不显眼的位置上，实际上就是对手机用户的能力的一种测试。那些能够将小字全部读完并完全理解的手机用户，才能够顺利通过测试，以低价购买到想要的商品（服务）。而那些不愿意细读，并没有正确理解文案意思的手机用户，就无法通过测试，将不得不支付高额的费用（价格）。

打出这种广告的企业，通过这种将重要的信息尽量隐藏起来的方法，提高消费者的信息成本。就算是拥有丰富经验和判断力的人，如果为了节省时间而没有细读那些无趣的文字，也有可能支付高额的费用（价格）。

广告和宣传册是企业用来分辨你是不是一个聪明的消费者的“消费者能力测试”，如果你能够意识到这一点，就能够掌握阅读广告和宣传册的方法了吧。而那些不认真阅读广告和宣传册的消费者，会很容易掉进企业设计好的陷阱之中，从而不得不支付高额费用。

第五章

去星巴克应该买多大杯号的咖啡？

——节约交易成本对商家和消费者都有好处

不管什么咖啡，小杯与大杯的价格差都一样

前文介绍过的星巴克咖啡（简称星巴克）的饮品单，让我们在这里对它做进一步的思考（本章内容根据2007年5月末的星巴克饮品价格为基准加以说明）。

让我们把之前说过的内容再简单整理一下。最小号的杯子（容量240ml）与容量是其两倍的大杯（容量480ml）之间的价格差，不管哪种饮品，都刚好是100日元。单看小杯的价格，从280日元到380日元都有，虽然后者比前者高出100日元，但变成两倍容量的大杯的时候都只加100日元即可，这让人感觉有些不可思议。

像星巴克这样的店被称为西雅图系浓咖啡店，与星巴克一样的日本连锁店塔利咖啡（Tully's Coffee）也将其所有咖啡饮品的小杯与大杯之间的价格差定在100日元。而且星巴克从2006年11月8日起上调饮品价格，但不管是上调前还是上调后，小杯与大杯的价格差都

是100日元（Tully's Coffee也在2007年3月29日上调了饮品价格）。

结果，“不管小杯饮品价格是高是低，其两倍容量的大杯饮品的价格都是只加100日元”这个原则，几乎成为西雅图系浓咖啡店定价时的通用标准。我还见过相似定价策略的其他咖啡连锁店，各位读者朋友们不妨去自己身边的咖啡店调查一下看看。（如果发现了定价方式不同的店铺，请根据那家店铺的实际情况，思考一下那样定价的理由。）

像这样的定价方式，如果从成本方面考虑，能够得出非常合理的解释。因为对于咖啡店来说，在冲泡一杯咖啡时所消耗的成本之中，咖啡豆和牛奶等原材料成本所占的比重是非常小的。

从成本方面考虑，我们在咖啡店喝咖啡，购买的并不仅仅是咖啡，应该说我们购买的是在环境优雅的咖啡店中享受悠闲时光的同时还有人帮忙冲咖啡的服务。

在这个世界上，以咖啡为主要输出品的发展中国家有很多，但是这些国家的咖啡农户无一例外地都过着十分贫穷的生活，因为依靠卖咖啡豆所获得的收益是非常少的。

比如，如果冲泡一杯咖啡需要10克咖啡豆，那么从产地的农户家中直接购买10克咖啡豆，一般来说只要1~2日元就足够了。虽然本书写作时（2007年5月）的咖啡豆价格，与5年前相比增长了1倍以上，但即便如此还是非常便宜。而2001—2002年，很多咖啡豆农户卖出可以冲泡一杯咖啡的咖啡豆只能获得不到1日元的收益。

当然，从中南美洲、非洲以及东南亚这些咖啡豆产地将咖啡豆运送到日本，需要消耗一定的运输成本。与咖啡豆本身相比，运送、储藏、烘焙等成本要高得多。

另外，咖啡豆也分为许多种，味道越好的咖啡豆价格也越高。如果只要高质量的咖啡豆，当然会支付相对较高的价格，但就算支付普通咖啡豆 5 倍以上的价格，农户的收入也只不过是每杯咖啡 5~10 日元而已。

即便再加上运送、储藏、烘焙等成本，对于大量进货的全国连锁店来说，小杯咖啡需要消耗的原材料成本（进货价格），最多也就 10~20 日元（如果不追求高品质的话，成本甚至不到 10 日元）。

如果我们点的是拿铁或者摩卡咖啡，里面会放很多牛奶，摩卡咖啡里面还会放巧克力和奶油，但考虑到牛奶的成本是 1000ml 约 100 日元。那么每杯咖啡就算加入 100ml 的牛奶，也只需要 10 日元左右的成本。

喝普通咖啡的顾客有时需要放牛奶和砂糖，我们假设这些辅料的成本是 5 日元。而像拿铁和摩卡那样一开始就在里面加了牛奶与巧克力等配料的咖啡，则在原来成本的基础上追加 10~20 日元。

以这种高估成本的计算方法，我们可以得出 240ml 小杯饮品的成本为每杯 15~40 日元。也许会有个别饮品的价格高于或低于这个价钱，再加上农产品的价格经常有比较大的变动，所以每次计算的结果都会不同，但在本书之中我们以刚才的计算结果为基础进行分析。

咖啡店经营成本的分项计算

假设你是一名咖啡店的老板，让我们来考虑一下客人的消费和店铺利润之间的关系。假设你的店铺有一份如图 5–1 所示的饮品单，价格参考周围的同类店铺设定，饮品的容量分为两种：普通杯容量 240ml，大杯容量为普通杯的两倍，达到 480ml。

价格表
（饮品单）

商品名	普通杯	大杯
每日咖啡	250 日元	350 日元
拿　　铁	300 日元	400 日元
摩　　卡	350 日元	450 日元
特制咖啡	400 日元	500 日元

所有饮品，容量增加 1 倍，价格只提高 100 日元

图 5–1　咖啡的容量与价格

要想经营一家咖啡店，需要招聘几名店员，还需要支付房屋租金、水电煤气等费用。用来装咖啡的纸杯和吸管之类的消耗品也必须准备。

在这些费用之中，成本最高的应该是店员的工资和店铺的租金吧。接下来让我们算一下这些成本。

在我对某家西雅图系浓咖啡店的调查过程中发现，该店以每小时

840 日元的工资招募店员。60 分钟 840 日元的话，每分钟的报酬是 14 日元。接下来我计算了从自己点咖啡到店员将咖啡送上来之间店员的劳动时间。

我从点单到付款大约花费了 1 分钟左右的时间。如果对饮品单有问题要问，店员应对需要花费 2~3 分钟。根据不同的饮品种类，冲泡咖啡的时间需要 1~2 分钟。

因为还有其他很多比如餐具清洗、店内打扫以及一些间接的必要的工作，我们假设每售出一杯咖啡所花费的时间是 5 分钟。以每分钟 14 日元的价格工作 5 分钟的话，就需要支付给店员 70 日元的工资。

但这是相当有效率的情况，如果客人比较少的话，就不能采取这种计算方法了。比如 3 名店员工作的 1 小时内只来了 20 位顾客。1 小时全部的人工费是 2 520 日元，用这个数字除以顾客数 20，得出接待每位顾客所需要的人工费为 126 日元。

再来算一下店铺的房租。根据店铺地理位置的不同房租有很大的差别，这里假设每个月房租 30 万日元，每个月按照 30 天计算，平均每天的房租为 1 万日元。每天营业 10 小时的话，每小时房租就是 1 000 日元。按照每小时 20 位顾客计算，用 1 000 日元除以顾客人数，得出接待每位顾客所需要的房租成本为 50 日元。

那么综合以上的情况，一家房租 30 万日元的店铺，店员 3 人，每小时接待 20 位顾客，每位顾客只点一杯咖啡的话，每杯咖啡所需要的人工费和房租合计为 176 日元。如果算上水电煤气等其他费用，还要再加上 24 日元，那么不算杯中饮品，平均每杯咖啡的成本大概可以算作200日元。

假设每位顾客都只点小杯每日咖啡，价格为250日元，这是包含消费税的价格，去掉税金之后的实际利润只有约238日元（250÷1.05）。

如果杯中咖啡的成本是20日元，那么加上其他成本200日元，每卖出一杯咖啡的总成本为220日元。因为去掉税金之后的实际销售额为238日元，其中差额18日元为利润。

这个数据，是以只支付种植咖啡豆的农户仅仅几日元（最多不超过5日元）作为购买咖啡豆的成本，并且以每杯250日元的价格将咖啡卖出为基准计算的，但即便如此，利润也只有区区18日元。

如果将刚才的计算前提稍做改变，假设每小时只来10位顾客，而且每位客人只点一杯咖啡的话，那么每杯咖啡的人工成本就是252日元，每杯咖啡的房租成本也变为之前的两倍——100日元。或者在房租更高的情况下，又该怎么办呢？

首先，咖啡店的老板需要想尽一切办法增加顾客人数。其次，如果将每位顾客每次来店消费时的金额称为“客单价”，那么努力提高“客单价”是餐饮企业的经营核心。

让我们回到最开始的那个问题，看一看为什么不管哪种饮品，升级到大杯都只需要多加100日元。当顾客点的饮品从小杯变成大杯的时候，收银的时间基本不发生变化，冲泡饮品所需要的时间大概也只会多出几秒（或者十几秒）而已。

因此，只看升级大杯时追加的那240ml，不管哪种饮品，其增加的成本只有此饮品本身的原料价格。

正如前文所说，240ml 饮品的原料价格为 15~40 日元，在你经营的这家咖啡店里就相当于每日咖啡 20 日元、拿铁 25 日元、摩卡 30 日元、特制咖啡 35 日元。

点了每日咖啡的顾客多支付 100 日元将小杯换成大杯，对你来说成本只增加了 20 日元，那么剩余的 80 日元就是你额外获得的利润（这是为了便于计算，不考虑消费税）。

也就是说，从店铺的角度考虑的话，那些点大杯咖啡的顾客能够更加高效地为你创造利润。在东京市中心地区点大杯咖啡的白领女性很多，因此她们为店铺提高利润做出了很大的贡献，是店铺非常欢迎的顾客。

买大杯咖啡是双赢的选择

那么，如果点的是拿铁咖啡，那么顾客将小杯换成大杯会增加 25 日元的成本，同时也增加了 100 日元的销售额，因此店铺能够赚到 75 日元的额外利润。但是，如果想让大杯拿铁也和大杯每日咖啡一样获得 80 日元的额外利润，小杯和大杯之间的价格差就需要增至 105 日元。但是，增加 5 日元的单价，还需要额外准备 5 日元的硬币来找零，会消耗不必要的劳动成本。

如果将拿铁咖啡的价格定为大杯比小杯多 110 日元又如何呢？这样不但能够增加额外利润，而且小杯 300 日元的饮品，升级为大杯时就算需要多付110日元也一样会让顾客感到实惠。让我们再次根据图5–1的饮品单，来思考一下将所有的价格差都统一定为100日元的深层意义。我们知道，每日咖啡、拿铁、摩卡以及特制咖啡的成本，依次增加5日元，但是它们的售价却依次增加了50日元。

虽然价格越高的饮品，向其中添加牛奶和巧克力等其他辅料所需要的时间越多，也许会增加人工费。但这是在店员十分繁忙的情况下，如果顾客稀少的话，店员利用的也都是空闲时间，因此人工费的增加基本可以忽略不计。

由此我们不难发现，价格越高的饮品，其利润率（利润相对于价格或销售额的比率）越高，同时，大杯又比小杯的利润率高。在图5–1的饮品单之中，对店铺来说最赚钱的是特制咖啡，最希望卖出去的也是特制咖啡。因此，将特制咖啡的小杯与大杯之间的差价控制在100日元以内，使大杯的特制咖啡看上去更具吸引力，以尽量诱导消费者去购买特制咖啡的做法是最为合理的。

因为大杯咖啡是利润率相对较高的商品，所以比起点小杯咖啡的顾客，咖啡店会给予点大杯咖啡的顾客更多的实惠。当然也有店铺利润率高的商品不会给顾客带来实惠的例子，但在这个案例中，只要100日元就可以追加240ml容量的饮品，应该是没有什么坏处的。一般的顾客都希望能够多喝点咖啡，所以这种定价对他们来说是非常实惠的。

点大杯的顾客也大幅节省了店员的时间和精力。如果将冲泡每一小杯咖啡所需要的劳力作为基准，那么当顾客将两小杯合并为一大杯的时候，追加的 240ml 那部分几乎没有消耗店员的任何劳力。因此，这种情况下所节约的成本，对顾客和店铺来说都是非常有益的。

我们对各种各样的商品和服务进行交易（买卖）的时候，为商品与服务所支付的价格之外的成本，本书中称为交易成本。在前几章中，已经提到过为了购物前往商店的过程中所产生的成本，以及为了寻找自己喜欢的商品而付出的代价等各种各样的交易成本。

本书中的交易成本是一个非常广义的概念，比如在郊区有一家非常好吃的点心店，顾客总是为了省钱特意大老远跑来购买，这属于顾客的交易成本。这家点心店在交通便利的站前街开设了一家分店，这种情况下，高额的房租以及将商品运送到站前街分店的运输成本就都由点心店承担了。因此，特意在站前街开店所产生的各种各样的成本，从广义上来讲，都是点心店为了销售点心而产生的交易成本。

由此可见，交易成本在消费者购买商品或服务所负担的总成本之中所占的比重相当大。咖啡店出售的咖啡原材料成本非常低，人工费所占比重相对较大，可是如果从冲泡一杯咖啡只需要 1~2 分钟的时间上来看，人工费也并不算高。在等待客人、店内准备和打扫等方面才需要支付大量的人工费。所以当我们在咖啡店里喝咖啡的时候，从广义上来说交易成本所占的比重是相当大的。

对于这些以各种形式存在的交易成本，如果有合适的方法去节约，就能够给消费者和企业都带来好处。因此，从“节约交易成本”的角度来分析商业行为，我们就能够理解很多商业行为的本质。而对于消费者来说，如果想要更加理性地购物，不但要了解自己需要负担的成本，还要意识到包括店铺与制造商负担的成本在内的各种各样的交易成本，这是非常重要的。

通过互联网节约交易成本

在交易成本之中，拥有最大可节约空间的就是信息成本。因此，通过 IT 技术，可以大幅节约交易成本。接下来，让我们从电子商务的角度来分析一下它与交易成本之间的关系。

信息技术的进步，为我们的生活带来了巨大变化（当然，也有很多技术进步无法改变的地方）。现在有人提出“由于互联网的普及等技术进步，更加凸显了信息的重要性”，但在我看来这种说法是不对的。

因为第一时间掌握了拿破仑战败的消息而获得亿万财富的罗斯柴尔德家族就是最好的例子。即便在为了获得信息需要付出大量成本的过去，信息同样很重要。因此我们无法轻易判断过去和现在究竟什么时候的信息更重要。

互联网和手机的普及使通信成本明显降低。计算机技术进步使通过机器进行的信息处理成本明显降低。这些都是信息技术进步所带来的显著成果。

但是因为我们人类本身分析和理解信息的能力有限，即便能够以较低的成本获得大量信息，从某种意义上来说反倒增加了信息成本。

比如从收到的大量电子邮件之中删除垃圾邮件或只回复必要的邮件也要消耗一定的时间和精力。虽然通过电子邮件能够非常方便地进行沟通，但同时也浪费了许多不必要的阅读邮件的时间。而为了能够更简单地利用重要的信息，在信息的安全管理上也需要消耗许多精力。

在我们购物时，信息技术为降低交易成本之中的信息成本可谓做出了巨大的贡献。

正如我们在第一章之中说过的一样，超市、便利店和家电超市之类的店铺，在降低消费者的交易成本上下了很多功夫。不管是在交通便利的城市中心地带集中开设店铺，还是在郊外利用大型店铺进行商品展示，都是为了降低消费者在获得价格与库存之类的信息时的交易成本，以此招揽消费者，提高销售额。

还有其他商家投入巨额的宣传和广告费用，将商品的特征与价格

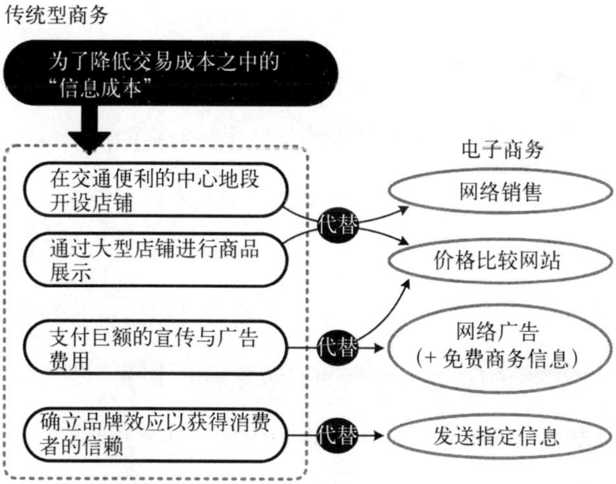

图 5–2　节约交易成本的电子商务

等信息广泛地传达给消费者，从而降低消费者的信息成本。通过确立“提供高质量产品的企业”这样一个品牌形象，既可以获得消费者的信赖，也可以降低消费者获得高质量信息的成本。

这些传统的信息成本削减方法，现在依然十分有效，但其中有一部分已经被电子商务取代。与在中心地段开设店铺、通过大型店铺展示商品相比，以在互联网上刊登库存信息和价格信息以促进销售且能够进行价格比较的网站作为辅助的电子商务，能够节约大量信息成本。

目前通过互联网发布广告的公司也在急速增加。互联网通过提供多种多样的免费服务来吸引用户，随后向那些对互联网用户投放广告的公司收取费用。这种所谓的“免费商务信息”，是互联网公司最基本的经营模式之一。

互联网上的广告，可以很清楚地反映投入的成本产生了什么样的效果，而且根据产生的实际效果支付费用的方式也已经得到普及。因为互联网上的广告可以针对特定的年龄层和特定的消费群体制作，因此有越来越多的企业认为与在电视和报纸上进行宣传相比，互联网上的广告宣传效果更好。

关于质量问题也是如此，与其让消费者相信企业的品牌前来购买，不如向曾经购买过自己产品或服务的老主顾“发送定向信息”，这时候互联网上的提示栏和博客就能够派上用场了。

因为互联网上也有大量的虚假信息，因此通过互联网得到的信息可谓是泥沙俱下，即便是那些以品牌形象取得消费者信任的企业，也常常会有产品质量隐患或者虚假产品信息等事例出现。不管是单纯相信品牌，还是利用互联网获取信息，想要获得与品质相关的信息一直都十分困难，因此可节约的信息成本也是有限的。

第六章

百元店价格低廉的奥秘是什么？
——你不能不知道的十大低价策略

将蔬菜汁的价格分解成附加价值

在上一章中，我们通过对在咖啡店买咖啡的事例进行分析，得知店铺大部分成本都消耗在咖啡豆成本以外的地方，尤其是店员的劳动成本所占比重最大。而事实上，像食品、服装、日用百货等我们在日常生活中经常购买的商品，绝大多数都是依靠劳动力生产出来的。

比如我们每天必不可少的蔬菜，其中有农民的劳动成本，有运输者的劳动成本，还有超市店员的劳动成本。在耕种和配送的时候，还需要频繁地使用拖拉机与汽车，而拖拉机与汽车所使用的柴油与汽油也是从油田开采出来经过运输以及加工生产出来的。就连开采石油等能源，也需要消耗大量的劳动成本。

让我们对以蔬菜为原材料，并经常出现在超市以及便利店之中的“蔬菜汁”进行分析。使用的蔬菜不同，其成本也大不相同，所以我们使用一个虚拟的数据来大致计算一下。如图 6–1 所示。

在我们对各行各业进行区分的时候，常常会将农、林、牧、副、渔等称为第一产业，制造业等称为第二产业，服务业称为第三产业。

蔬菜汁也是经过了这三大产业阶段最后来到我们手上的。

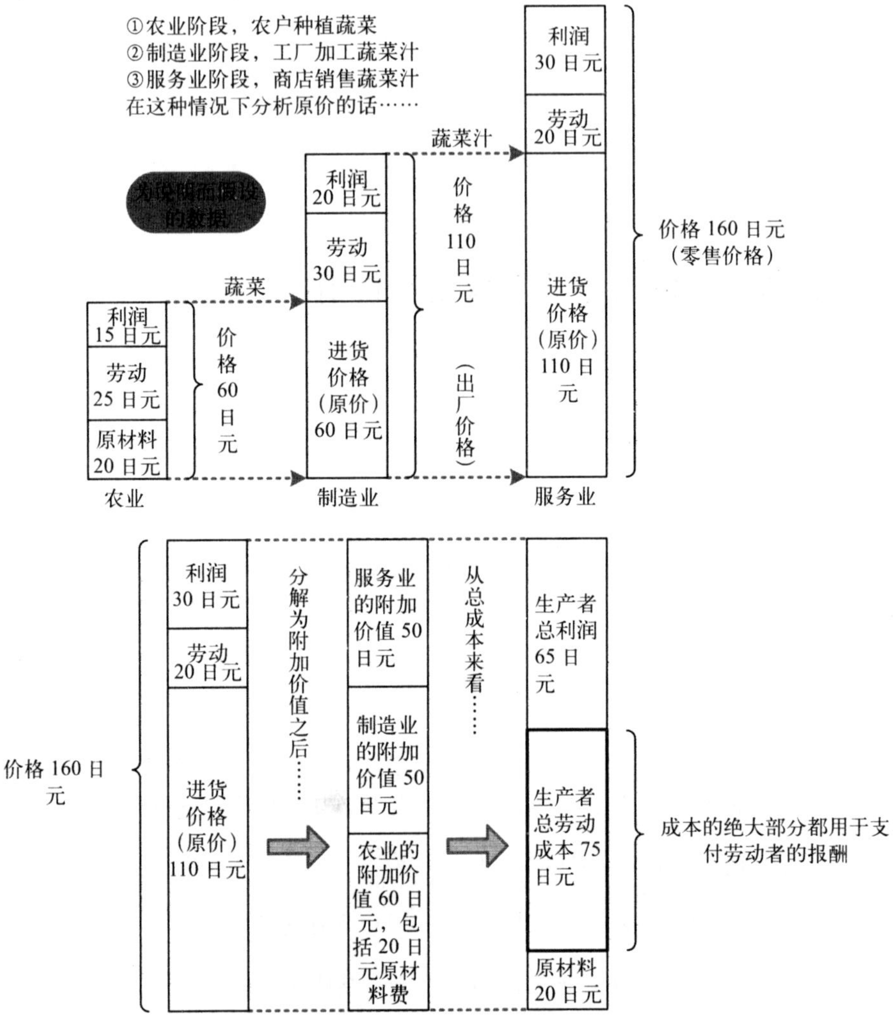

图 6–1　蔬菜汁的原价与附加价值

我们先来看一下图 6–1 中上方的表格。为了生产一瓶蔬菜汁所需要的蔬菜，在农业生产（第一产业）阶段需要 20 日元的原材料成本（种苗等成本）和 25 日元的劳动成本。以此为基础再加上农业生产阶段农民的利润 15 日元，最终以 60 日元的价格销售给农田附近的工厂。

但现实生活中对农户的劳动成本和利润进行区分是十分困难的，为了便于理解此处使用假设的数据。而且那 20 日元的原材料（种苗），实际上也是在农业阶段生产出来的。

接下来，让我们站在生产蔬菜汁的工厂（第二产业）的立场上，将 60 日元收购的蔬菜进行加工时，每瓶蔬菜汁需要消耗 30 日元的劳动成本。因为生产出来的蔬菜汁会以 110 日元的价格（出厂价格）销售给超市和便利店，其中 20 日元的差额就是工厂的利润。

再看服务业（第三产业）阶段，超市等零售店以 110 日元的价格购入蔬菜汁进行销售，将商品从工厂运送到店铺摆放好到卖出之间需要 20 日元的劳动成本。如果以每瓶 160 日元的价格进行销售，超市等零售店的利润就是 30 日元。

其中，农用机械以及工厂机器在使用时所产生的损耗，以及水、电、石油等能源的消耗，都应该计入成本之中。但是，与劳动成本相比，这些都是非常微小的成本，所以图 6–1 并没有特别标明。

一瓶 160 日元的蔬菜汁，经过三大产业各阶段的合作，最终来到我们手上。因此，零售价 160 日元可以看作在几个阶段的生产活动中所产生的价值总和。这就是“附加价值”。将 160 日元根据各阶段的贡献度分解之后，我们可以发现，农业产生了 60 日元的附加价值，制造业与服务业各产生了50日元的附加价值（参见图6–1下方表格）。附加价值是非常重要的概念，在本书的后半部分将成为讨论的重点。

我们将进货价格称为“原价”。那么，超市从工厂进货的原价就是110日元，如果是自己拥有工厂可以进行生产的超市，就能够以原价60日元收购蔬菜作为原材料进行蔬菜汁的加工和销售。

或者超市也进军农业领域，形成从蔬菜到蔬菜汁的产供销一条龙，在这种情况下，原价只有20日元。除去各阶段的劳动成本共计75日元，一瓶零售价160日元的蔬菜汁，超市能够赚到65日元的利润（图6–1下方表格最右列所示）。

将图6–1上下两图最右一列的构成相比较我们会发现，虽然都是将蔬菜汁的原价、劳动成本以及利润进行分解，给人的直观感受却完全不同。如果单看服务业阶段的劳动成本，其所占比重并不是很大，但从整体上来看，劳动成本所占的比重却是相当大的。

另外，种植蔬菜所需要的种苗（20日元），以及没有考虑的水、电等能源消耗，还可以更进一步进行附加价值分解。而且在现实之中，还有经过更多更复杂的阶段，对多种商品进行生产和销售的过程。因此，要想把每一步的附加值都完全分析出来，实际上是不可能的。

但是，通过在一定程度上对附加价值进行分解，对附加价值部分进行分析和判断，更便于我们理解经济活动的本质。

百元店商品便宜的秘诀

当我们理解了各种各样的商品都需要耗费劳动成本来进行生产和销售这个前提之后，让我们一起来分析一下百元店在降低成本上所下的功夫。在百元店之中，不管是其他店铺中标价几百日元的商品，还是看上去价值上千元的商品，都以100日元（含税105日元）的价格销售。虽然其中也有超市售价100日元以下的商品（也就是说，在百元店购买这类商品反倒要花更多的钱），但大部分商品都比其他店铺的便宜许多。

百元店之中也有很多在功能和设计上品质优良的商品。百元店能够将各种各样的商品都以如此低廉的价格进行销售，凭借的是对成本的控制。图6–2很直观地表明了百元店在生产、物流以及销售这三个环节上为了降低成本所下的功夫。

图6–2显示的是百元店销售商品的成本构成图。现实生活中，百元店的进货价格从最便宜的1日元到100日元以上的（做好赔钱的心理准备）都有，而这些商品全都统一以105日元的价格进行销售。

我们假设所有商品的原价平均为50~70日元。图6–2是为了便于说明而假设的数字。在这个图表中，工厂生产一件35日元的商品，加上15日元的物流费运送到百元店，再加上30日元的销售成本，每件商品百元店可以获得20日元的利润。

我们将百元店价格便宜的秘诀分为几个阶段来研究，首先是如何从工厂尽可能便宜地进货。

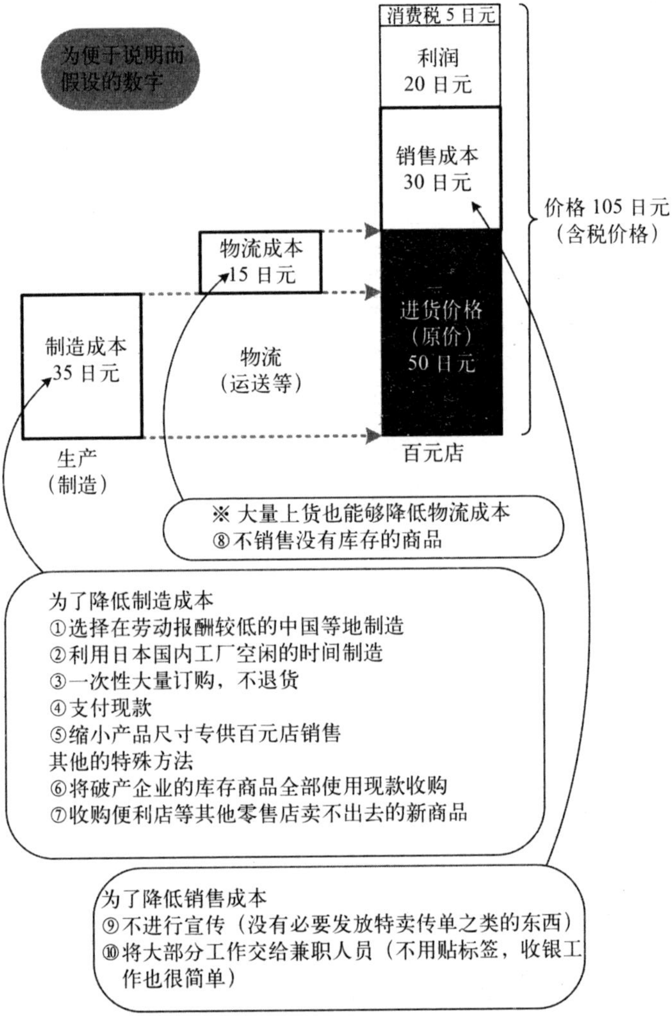

图 6–2　百元店的低成本策略

第一，百元店销售的商品大部分都是由劳动报酬比日本低很多的国家（例如中国和越南等）制造的。（关于日用百货等在中国等地生产需要支付多少成本，将在后文具体说明。）

第二，百元店之中也有不少日本国内生产的商品，即便只卖 100 日元仍然给人相当高级的感觉。这是因为那些制造高级品的工厂，在制造主要商品的间隙，利用工厂空闲的这段时间，专为百元店制造商品。因此，这些由技术高超的工匠所制造的商品，也能够以便宜的价格销售，关于这一点将在后面详细说明。

第三，大型的百元店，能够向工厂一次性订购大量商品，并且可以做到“包销”，就算商品没有卖光也不会退货。比如大创产业百元店，经常一次性订购 100 种以上的商品。

第四，百元店的原则是在进货时以现金支付货款。

通过这些方法（第三和第四），能够有效地降低工厂的风险。如果是一般店铺下的订单，比如说店铺给出了今后 5 年内将有大量订单之类的承诺，使得工厂为了扩大生产而购入新机器设备，结果店铺却只提供了数量很少的订单就终止了合作。在这种情况下，工厂只能自己承担无法收回购入新机器设备成本的风险，还有没卖出去的商品退货的风险，以及因对方店铺经营不善而无法支付货款的风险。

事实上，工厂对店铺开出的进货价格，就已经包含了上述这些风险成本。比如平均每 3 件商品中就会出现 1 件退货的情况下，工厂制造 3 件商品却只能得到 2 件的销售利润，那么如果不能用 2 件商品的利润回收 3 件商品的成本就会亏损。

因此工厂给店铺的每一件商品的进货价格实际上包含了 1.5 件商品的成本，也就是说，工厂需要承担的风险越多，其向店铺出售商品时的价格也就越高。

但是上述这些风险，可以通过店铺一次性包销（不退货），以及当场支付现款等方法使工厂完全打消顾虑，所以工厂才能够以十分优惠的价格将产品出售给百元店。另外，越是拥有强大的销售能力，可以大量进货的店铺，越是能够得到优惠价，这一点已经在前文阐述过了。

第五，百元店经常为点心等食品专门订购适合销售的小尺寸（重量与容量）商品。分量减少，成本也必然随之削减。因为这种方法的普及，我们才能够在全日本的百元店中看到种类相当繁多的食品。

下面还有一个类似的例子，2006 年由于北海道的土豆减产，导致土豆价格上涨。期间虽然薯片的零售价格没有发生变化，但是从 2007 年开始卡乐比株式会社将每袋薯片的分量都减少了 2~7 克，比如原来 90 克的薯片现在只有 85 克。有时也有不改变零售价格但增加分量的做法，像这些通过改变分量来调整成本的方法，在食品行业经常被使用。

其他比如电池、衣架以及文件夹等可以调整功能或尺寸的商品，百元店也可以通过相应的调整来控制售价。有的百元店将同为 500ml 的茶饮料，按照知名品牌一瓶 105 日元、不知名品牌两瓶 105 日元的价格进行销售。相当于后者每瓶的价格是 52.5 日元。由此可见，即便是以统一价格销售商品的百元店，仍然可以对价格进行调整。

第六，百元店还有一个比较特殊的进货方法，那就是现金收购破产企业的所有库存商品，这样就能够以极低的价格收购到优质的商品。这是百元店经常使用的方法。

对于破产企业来说，将卖不出去的商品存放在仓库里面，还需要付出仓储成本。如果这时候出现一个愿意立刻支付现款将所有商品全部买走的买家，那么就算以每件商品1日元的价格出售，对破产企业来说也能够节约库存成本。

现在还有与其十分相似的另一种收购方法。经常在便利店购物的人一定会发现，便利店点心货架上的新商品会经常更换。

除了常年摆放的传统点心之外，每周（甚至每日）都会有新的点心推出，并且被摆放在便利店的货架上面。而这些点心一旦被发现没有销路，就会马上消失。比如在2005年一年内日本上市的新商品之中，仅巧克力一项就有约1 900种，小点心则有约800种。

假设其中某种保质期为6个月的新点心，以每块200日元的价格在便利店之中销售。但是便利店在销售了一个月之后，发现根本卖不动。一向对市场趋势很敏感、追求销售效率的便利店，自然会将这种商品下架。在便利店卖不出去的点心，超市当然也不会卖。

而此时这种点心还有5个月的保质期。存放在仓库里要支付库存成本，扔掉要支付废弃成本。像这样留着浪费、扔了还可惜的商品，在新品不断被开发的激烈竞争中不断产生。

在这种情况下，拥有强大的销售点心等食品的能力的百元店便挺身而出，将这些点心以极低的价格大量购入（折扣店也是以同样的方法低价购入食品），并且以105日元的低价为武器，通过遍及全国的店铺将这些点心在保质期内迅速销售一空。这是第七个秘诀。

实际上，即便在以“高价买便利”为原则的便利店行业，大型连锁店罗森株式会社也开展了以低廉的价格为武器的百元店方式。罗森株式会社通过把在便利店的销售竞争中败下阵来的点心和饮料，转移到百元店之中继续销售的方法，非常完美地利用了两种不同类型店铺各自的特点。

比如某种点心刚上市之际，对于那些即便支付高价也愿意购买新品的时尚消费者，便利店定价 158 日元销售。经过一段时间之后，如果新品光环渐渐淡去，再将这些商品转移到百元店之中，针对看重低廉价格的消费者以 105 日元的价格销售。这也可以看作是一种差别定价策略。

在销售大量商品的时候，降低物流成本是非常重要的。百元店实行的一次性大量进货且不退货的方法，有助于节约物流成本。将大量购入的商品直接运送到店铺，存放在店铺中直到卖光为止，因为只需要一次效率极高的商品运输，所以在物流上能够节约大量成本。

第八，百元店从不会为没有库存的商品临时调货或者追加订单，因为为没有库存的商品单独进货，会消耗非常高的物流成本。后面我们会看一看百元店在降低销售成本上所下的功夫。

第九，基本不做任何宣传。虽然百元店之中也有少量售价为 210 日元和 315 日元的商品，但大部分还是含税才 105 日元的商品，因此百元店不需要像超市和商场那样经常发放特价品传单或发布广告。

第十，百元店将大部分的店内工作都交给兼职店员，从而大幅节约了劳动成本（员工工资）。因为店中大部分都是 105 日元的商品，所以省去了很多贴标签的麻烦，收银时的操作也十分简单。

大创产业百元店就将商品的订购、收货、陈列以及收银和财务等工作都交给兼职店员来完成。在其店铺内工作的员工大部分都是兼职店员，因此劳动成本非常低廉。

但是，那些雇用兼职店员的店铺，可能会出现兼职店员不认真工作，甚至擅自拿走店内商品的情况。对此，大创产业百元店与兼职员工签订了非常严格的劳动合同，如果在定期检查的时候（或者进货的时候）出现 1% 以上的损耗，相关兼职员工就将被解雇。

中国义乌是全世界日用小百货的批发集散地

百元店中的日用品的批发集散基地中最著名的一个是位于中国的浙江省、距离上海大约 4 小时车程的义乌市。那也是那些揭露百元店价格便宜秘诀的书籍和电视节目中必然会提到的一个地方。

在义乌市，某一个地方常常汇集着几千家小商品批发商的店铺，还有好几处巨大的商品展示会场。

我于 2006 年 3 月前往义乌寻找写作素材，花了整整两天的时间在巨大的展示会场内考察了大量店铺，被其中琳琅满目的商品令人难以置信的低价震惊了。

我们都知道，中国工厂的劳动力成本与日本相比低很多，因此能够以极低的成本生产日用品。在我于义乌实地考察的过程中，发现这些商品的价格如图 6–3 中上方的图表所示。不过这只是以数量为 100

件为前提进货时的价格。如果大型的百元店一次大批量进货（比如100万件），价格还能更便宜。

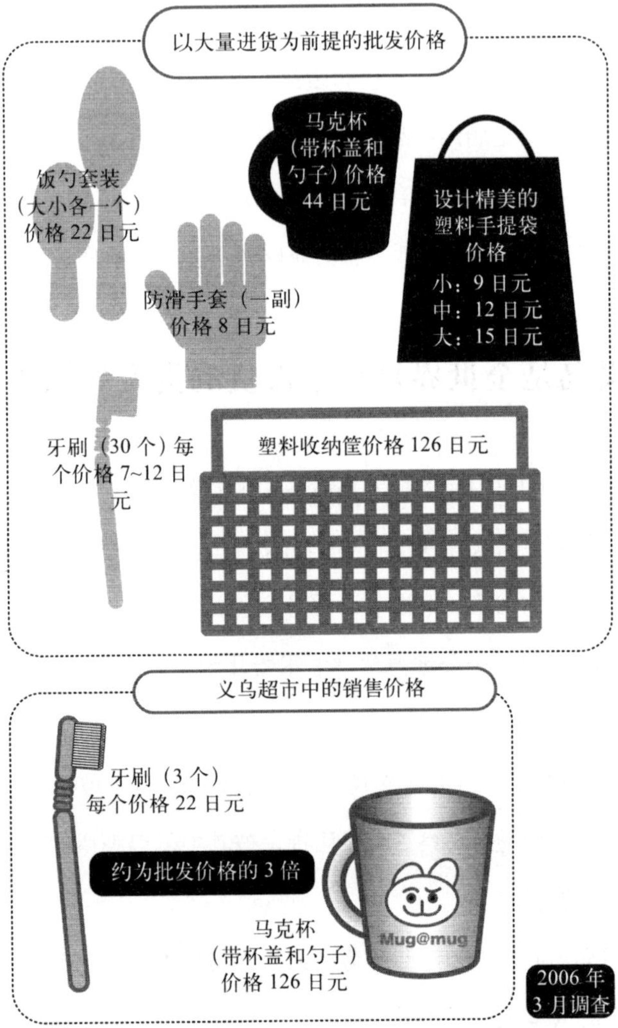

图6–3 于中国浙江省义乌市进行的价格调查

根据我在2006年3月的调查，大小两件套的木制饭勺，折合成日元只要22日元。如果只要那个吃饭时候用的小木勺，一个大概只要10日元左右就能够买到。

还有防滑的手套，看上去做工和质量都很好，一副却只标价8日元。牙刷从设计简单的到复杂的都有，价格7~12日元（12日元的牙刷在设计上给人功能很强大的感觉）。而且这些商品，每一个看上去都像是在百元店里销售的商品（其中有些商品的包装上面还用日语印着商品名和原材料等）。

经过对很多家销售马克杯的店铺的调查，我发现一个带杯盖和勺子的马克杯只要价44日元，而且和日本百元店里销售的同类商品相比，看上去更高档。印着漂亮花纹的手提袋，根据大小的不同价格分别为9日元、12日元、15日元，它们也是在百元店里常见的商品。

我最感兴趣的是，我在义乌看到了和自己在研究室用来整理资料用的塑料收纳筐几乎完全一样的商品。我所用的塑料收纳筐是在研究室附近的百元店里买的，能够很轻松地装下10本书。因为塑料的成本很高，而且刚好赶上作为塑料原料的石油价格也一路攀升的时期，所以这样一个塑料收纳筐在义乌的销售价格是126日元。

和日本百元店中几乎一样的商品，在义乌的售价甚至能够便宜到10日元以下，可为什么这个塑料收纳筐的价格却比百元店的要贵呢？经过对店主的询问得知，以前这种塑料收纳筐是在义乌本地生产的，但因为原材料成本上涨导致入不敷出，现在工厂已经迁往别处了。

回日本之后，我再次观察了一下研究室中的塑料收纳筐，发现这个塑料收纳筐其实是日本产的（以石油为原材料制作的塑料收纳筐为什么能够在日本国内廉价生产，将在下文说明）。随后，就在我买了那个塑料收纳筐刚好一年后的2007年2月，我再去那家百元店的时候发现，同样大小的塑料收纳筐已经没有了，店里销售的是设计相同但尺寸小一圈的塑料筐。看样子也是受到了石油价格上涨的影响。

在收集资料时，我还去了义乌市内的一家小型超市。在那里我找到了和批发市场上一样的牙刷和马克杯，并对二者进行了价格比较。从比较的结果得知，一个批发价格7日元的牙刷在超市中卖22日元，一套批发价格44日元的马克杯（带杯盖和勺子）在超市中卖126日元，几乎是批发价的3倍。

在之前的论述中我们得知，店铺每销售一件商品，其价格的绝大部分都源自物流与销售阶段的成本和利润。那么距离工厂这么近的超市，为什么售价也约是进货价的3倍呢？也许很多读者会认为，既然不用那么远的物流运送，价格应该便宜点才对。

但是，从商品的运输成本考虑，不管是距离工厂很近的超市，还是有一海之隔的日本，两者的运输成本都是一样的。比如说在大量运送牙刷和马克杯的时候，都会使用集装箱。而且，将大量的集装箱通过货轮从中国运到日本，海上运输的成本平均到每件商品上甚至都不到1日元。

同时，还有从中国国内的工厂运送到港口的陆上运输成本，以及从日本的港口到各个店铺的陆上运输成本。能够运送大量集装箱的货船，与只能够运送一个集装箱的货车相比，能够以更低的成本来运输商品。

从中国的工厂将商品运送到日本百元店的运输成本之中，日本国内的运输成本所占的比重极大。但是，因为日本的陆上运输效率已经很高了，想更进一步降低运输成本的话，只能从空间相对较大的中国国内的运输成本上着手。

从工厂大量运送出来的商品，分别被配送到日本国内的每个店铺的过程中，基本上也要消耗与运输成本相同的劳动力成本（这种说法是非常笼统的，根据不同的情况实际上也会有很大的区别）。

为了更进一步降低物流成本，物流公司将商品的调度在中国进行，然后再运往日本，因为在中国进行商品配送的人工成本要远远低于在日本进行配送的成本。近年来，有很多日本的物流公司前往中国投资，对那些从中国工厂一直到日本店铺的配送全程负责。通过对运输、储藏、配送等各阶段作业的合理组合，能够实现最低限度的成本消耗。

举另外一个例子，三得利株式会社从2006年6月开始，将从欧洲进口的酒类全部经由中国上海再运到日本。在距离日本很近而且仓库租金和人工费都很便宜的中国储存以及检查和分装，通过这种方法有效地降低了成本。而且，与从欧洲直接调运相比，现在的这种方法只需用前者时间的1/6。

服装零售业的著名企业饰梦乐公司（Shimamura）从中国采购服装制品时所采取的策略，经常被报纸等新闻媒体津津乐道。

Shimamura 从服装制品的生产与批发商处采购商品进行销售，但是将商品的检测、标价、分类和包装等工作都安排在劳动力成本较低的中国进行，然后用集装箱统一运送到 Shimamura 的物流中心。Shimamura 将这种物流方式称为“直流”，并宣称通过“直流”成功削减了三成的运输成本。而中国的服装生产与批发商，也按照 Shimamura 的要求建立了能够进行从检测到包装一系列作业的工厂。

让我们再次回到百元店的问题上来，商品的数量越大，通过集装箱运输的成本就越低。因此，当我们在家附近的百元店中购买中国生产的非常便宜的商品时，实际上大部分的费用是为了能够便利地购买到种类丰富的商品而支付的。

有时附加成本比平均成本更重要

接下来让我们考虑一下日本国内的工厂生产的在百元店销售的商品。日本产的餐具在商场中以一件 1 000 日元以上的价格销售，而几乎相同的产品在百元店里面也有。为什么会出现这种情况呢？这家工厂为日本全国的商场供货，每天平均生产 100 件。但是必须根据商场的销售情况与库存情况，对指定的订单立刻生产并提供给商场。因此这家工厂每天的生产量会有很大的变化，既有一天生产 200 件的时候，也有一天一件都不生产的时候。

如图 6–4 所示，我们可以计算出工厂为商场提供的商品的生产成本。生产成本可以分为设备成本、劳动成本和原材料成本三部分。

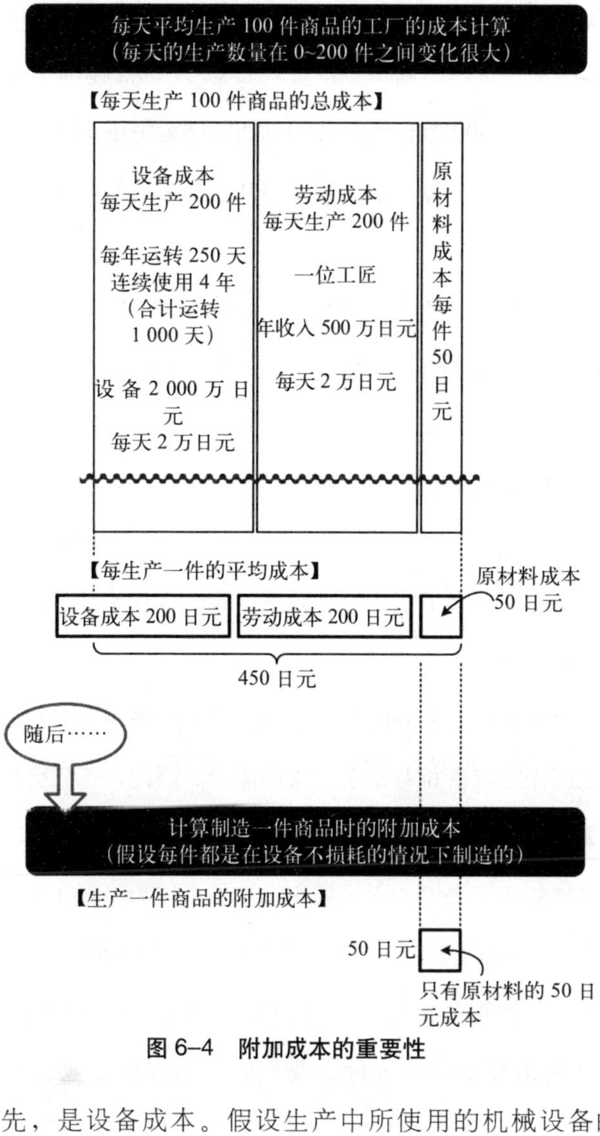

图 6–4　附加成本的重要性

首先，是设备成本。假设生产中所使用的机械设备的价格为 2 000 万日元，每天最多能够生产 200 件，一年运转 250 天，连续使用 4 年的话，假设合计运转 1 000 天，每天的设备成本为 2 万日元。

每天平均生产100件的话，每个商品的设备成本就是200日元。

其次，是劳动成本。雇用一位每天最多可以制造200件商品的工人，一年的薪水是500万日元。劳动时间同样为每年250天，每天的劳动成本是2万日元。每天平均生产100件的话，每件商品的劳动成本也是200日元。

最后，是原材料成本每件50日元。那么每件商品的平均生产成本就是450日元（设备成本200日元+劳动成本200日元+原材料成本50日元）。所以，商场在销售商品的时候，必须把每一件商品的价格定在1 000日元以上。

但是百元店在这家工厂下订单的时候，不但一次性订购大量商品，就算卖不掉也不会退货，并且只需要同一款式的商品，一个月内能够生产出来即可。

而工厂原本就具备额外的生产能力。为了能够灵活应对商场苛刻的订单，工厂需要具备相对富余的生产能力。因此，工厂会出现为整日无所事事的工人支付工资（工人和设备都没有运作）的情况。

对于这样的工厂来说，百元店所需商品，因为可以在一个月内的任何时间生产，所以能够有效地将工人和设备的空闲时间利用起来。在这种情况下追加的制造成本，只有原材料成本（每件50日元）。

认识到**附加成本**的重要性，我们就不难理解企业的行为。如图6–4所示，利用为商场生产商品的空余时间生产百元店所需的商品，只要每件的售价高于附加成本，工厂就可以获得利润。因此，百元店能够以每件60日元的价格从工厂大量订购商品，并且在店铺内以每件 105 日元的价格销售。

因为金融危机，工厂订单数量大幅减少，所以工厂对上述方法的依赖性更强，因为对它们来说金融危机时设备与工人的空闲时间更长。对这样的工厂来说，为百元店生产商品是它们重要的利润来源。

像这样生产出来的商品，与在商场里每件售价 1 000 日元的商品在品质上并没有太大区别。如果对细节设计不是很在意的消费者，与其在商场里购买一件 1 000 日元的商品，不如在百元店里面购买同种商品更经济实惠。而对于那些钟情于某种独特设计的消费者来说，应该去商场选购，但是要为了更多的选择支付更多的金钱。

在百元店对成本斤斤计较的消费者是不理性的

在之前的第五章中，我们谈到对于销售不同容量咖啡的咖啡店来说，杯子越大，店铺的利润率越高，同时点大杯饮品的顾客所获得的实惠也越多。店铺与顾客双赢，是因为成功节约了交易成本。

当然也有为了提高店铺的利润率而使顾客遭受损失的情况。因此，不管是在百元店还是食品店消费的顾客，都希望“尽可能购买原价在销售价格中所占比率（原价率）高的商品”。有这种想法的顾客在百元店购物的时候，会尽量避免购买进货价格在 10 日元左右的商品，而希望买到进货价格在 100 日元左右的商品。

如果可以在其他店铺以更便宜的价格（比 105 日元还低的价格）买到进货价格在 10 日元左右的商品，那也许应该去更便宜的那家店铺购买。如果这个商品在百元店中是最便宜的，即便它是一个原价只有 10 日元的商品，如果真有需要的话还是在百元店里购买吧。

相反，如果是不必要的商品，就算百元店里有原价 120 日元的商品，却不能够进行批量购买再以 120 日元卖出套利，那么武断购入只会造成浪费（或者给你增添麻烦）。在现实生活中，就算百元店中销售的商品原价超过 100 日元，考虑到交易成本，也很难通过套利交易实现赢利。

也就是说，在百元店购物的消费者，如果以原价的高低来判断商品是否物有所值，虽然看上去好像是比较明智的消费行为，但实际上并非如此。因为这里面最重要的一点是，与其他店铺相比其价格是否便宜，而且还要考虑到交易成本。

正如之前提到过的一样，原价越便宜（原价率低）的商品，在其他店铺出现更便宜价格的可能性就越大，关于这一点，原价率可以作为一定程度的参考。但是，也有很多虽然原价便宜，但其他店铺中却卖得更贵的商品。因此，我认为在百元店中购物的时候，应该尽量不去考虑原价的问题。

与一般的交易相比，金融领域的交易成本非常低。如果是在互联网上买股票，只要极低的交易成本就能够完成交易。因此，在购买银行、证券公司和保险公司等金融机构的金融产品（存款、投资信托、保险、个人养老等）时，事先调查原价是十分重要的。

那些原价很低但手续费却很高的金融产品，最好不要购买。只有购买那些与原价十分接近（手续费很低）的金融产品才是明智的。

也就是说，消费者在生活中考虑商品或服务的原价的时候，应该根据交易成本的高低（是否容易实现套利交易）来区别判断。因为百元店中的商品交易成本较高，现实中难以实现套利交易，我才建议大家不要考虑原价，但这并不意味着在任何消费活动中都要这样做。

第七章

为什么现实中的贫富差距难以消除？

——资产差距远比收入差距严重

资产差距问题从根本上很难解决

在前面的章节中，我站在消费者的立场上分析了经济结构。但是为了购物，我们首先必须从事某种工作（劳动），以此来获取报酬。而且在你工作繁忙的时候，交易成本（劳动力的价值）也会随之变化，并对你的消费行为产生相当大的影响。在本章中，将针对我们的工作和劳动来进行分析。

与劳动相关的问题之一，就是最近关注度极高的**收入差距**问题。很多时候人们提到“贫富差距”，一般来说，指的就是收入差距。因为现在收入差距越来越大，既有年收入 1 亿日元以上的人，也有年收入 300 万日元以下连养家糊口都很困难的人。

有很多书专门论述了收入差距问题，所以在本书中不做深入探讨，只是对与接下来我们要讨论的问题相关的内容稍加分析。首先我们来看一看现在日本的收入差距问题，有很多人过着非常艰苦的生活，而另一些人看上去对社会的贡献并不大却领着极高的薪水。

对于日本低收入群体扩大的问题，有人认为这不是问题，而有人却认为这是非常严峻的问题。因为这是一个非常复杂的问题，所以很难得出结论究竟谁的说法是错误的。

从世界整体的角度来看，那些还徘徊在贫困线上的国家的人民，甚至连日本人的最低生活水平都达不到，无数人还身陷“绝对贫困”的痛苦之中。与此相比，现在日本出现的贫困问题，只不过是与周围那些过着相当富裕生活的人相比所产生的“相对贫困”，与发展中国家的“绝对贫困”完全不可相提并论。

当然这里也有很多例外，在日本也有很多人正面临着非常严峻的贫困问题，其中最严重的就是那些在异常恶劣的条件下工作的外国劳工。很多企业打着国际劳务的名目，钻外国人研修、技能实习制度的空子，从发展中国家引进劳工，以每小时 300 日元的超低报酬让他们从事长时间的重体力劳动，这种情况在 2006—2007 年已经发展成社会问题。

外国劳工的问题，甚至在那些代表日本企业形象的一流企业之中也同样存在，报纸和杂志对此提出过很多质疑。要想在日本解决居民生活水平差距问题，也许首先应该将着眼点放在改善外国劳工的待遇上面。

但是，在日本企业利用外国人研修、技能实习制度的漏洞进行剥削的同时，那些来日本工厂领取低工资的外国劳工，依然能够获得比在自己祖国工作高得多的报酬。因此，这些外国劳工虽然与从事同样工作的日本工人相比处于非常贫困的状态，但并非绝对贫困。由此可见，日本的贫困问题基本上都属于相对贫困的范畴。

那么，相对贫困的问题就不重要了吗？医学研究表明，那些收入远远低于当地平均收入水平（比如一半以下）的人，大部分会感觉内心充满压力，从而增加罹患各种疾病的风险。在收入远低于平均收入的情况下，为了释放压力而喝劣质的酒、饮食不规律、易患老年病等现象，实际上是非常容易理解的。

在子女的教育问题上，那些不希望自己的孩子输在起跑线上的父母，为了承担高额的教育费用而拼命工作，强迫孩子在考试中取得优异的成绩，自己忍受低品质的生活，无形中对家庭成员都造成了巨大的压力。由此可见，即便是相对贫困，如果任其加重，对社会的平稳发展必然会产生不利的影响。

如果政府出面，能够顺利解决收入差距问题吗？实际上，要想解决收入差距问题，最直接的办法就是对高收入人群征税，然后再用到低收入人群身上（虽然表面上采取的是不同的方法，但本质上却是一样的）。那么在这种情况下，从高收入人群那里征税真的没问题吗？

实际上有很多人都在心里对那些领取与工作职责相比报酬过高的高收入人群感到十分不满。确实，在这个世界上到处都有让我们产生这种感觉的人，因此很多人都会认为，从高收入人群那里征税绝对不是什么坏事。

不过，也有很多人从事着对社会贡献极大的工作，这些人的高收入是被世人所认可的。那么应该从这些人手里征税，然后分给穷人吗？我认为不应该那样做。因为在我看来，收入差距问题的关键实际上是**资产差距**的问题。

让我通过图 7–1 来进行说明。图 7–1 是对三种类型的人（假设为 50 岁的男性）进行的收入比较。年收入 400 万日元的低收入者、年收入 1 500 万日元的高收入者，还有年收入 200 万日元但拥有众多资产可以维持生活的人。

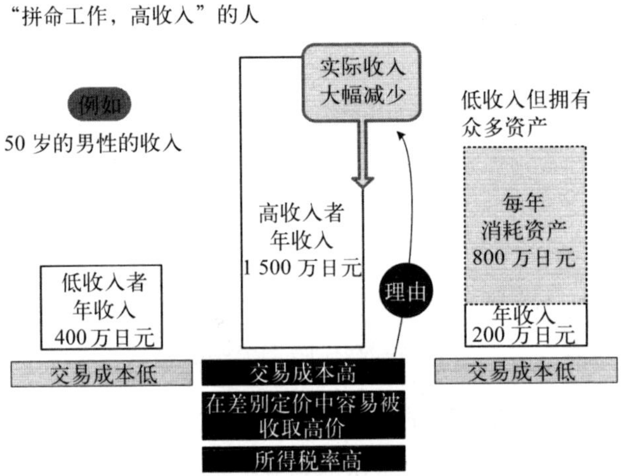

图 7–1　收入差距与资产差距

那些拼命工作的高收入人群，很少有可以自由支配的时间，就算他们有空闲时间，如果将这些时间都用在工作上，就能够大大增加他们的收入，所以他们休闲的时间成本非常高。与那些低收入者相比，他们在购物时所消耗的交易成本也相对较高。

不仅如此，在企业实施差别定价策略的时候，这些人往往属于“愿意支付高价的类型”，因此常常多花钱。当然，高收入人群的所得税率也相对较高。

因为上述这些理由，导致那些拼命工作的人实际收入大幅减少。图 7–1 所列举的第三种情况，低收入但有众多资产可供支配的人是最富有的。

但是在高收入人群中也有各种各样的类型，图 7–2 对高收入的主要原因进行了分析。虽然看上去十分简单，但收入就是由地位、能力和劳动时间这三种因素决定的。我们假设在这种情况下有两种类型的高收入人群。

高收入者①拥有很强的能力，通过长时间的工作来获得更高的收入。高收入者②没有什么能力，只工作很短的时间，但是却因为地位的原因而获得很高的收入。从新闻报道中我们能够发现，企业的创业者家族、政府的高官以及政治家和公务员等人群，往往属于高收入者②的类型。

在生活中交易成本高的人，是那些将空闲时间用来工作以提高

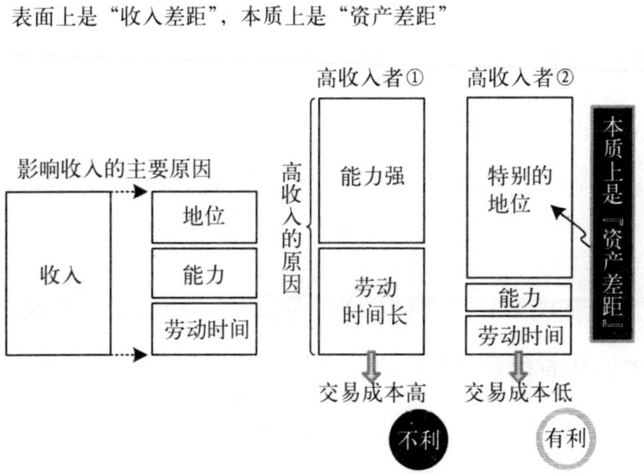

图 7–2　收入差距与资产差距

收入的高收入者①。而对于高收入者②来说，不管工作与否都不会影响他们的收入，因此他们的交易成本是相当低的。

如果两者收入水平一样的话，对社会贡献度更高的高收入者①在生活中则处于不利位置，而仅凭地位就能够获得高收入的高收入者②则是有利的。那些拥有极强能力，通过不断创造价值获得超高收入的人，自己的劳动力（时间和精力）成本也会越来越高，有可能对他们的生活造成不利的影响。

所以，认为收入差距问题严重的人，认为解决问题需要向高收入人群征税的人，应该向高收入者②那样的人征税。但是在现实中，无法做到划清高收入者①和高收入者②的界限，从而向两者之一单方面征税。这是难以解决收入差距问题的原因之一。

高收入者②与低收入者之间出现差距的根本原因是高收入者②所拥有的“地位”，这也是一种资产。因此，我认为真正的问题是**资产差距**。

最近，企业雇用的“正式员工”和签订临时劳动合同的“非正式员工”（兼职或劳务派遣）之间出现的收入差距也成了社会问题。正式员工在企业中所拥有的身份（一种资产），也是资产差距的表现形式之一。

资产既有现金和股票这样的金融资产，也有土地和建筑之类的固定资产。还有很多其他形式，比如给子孙后代留下的资产，既可以是现金和房产，也可以是加大在教育上的投入，提高孩子自身的资产价值。

对于这些以各种形式存在的资产，想要以公平的方法解决贫富差距问题基本是不可能的。资产差距问题比收入差距问题解决起来更加困难。而且，因为世界上的收入差距问题，绝大部分本质上都属于资产差距，所以我认为从根本上解决这个问题是非常困难的。

找准自己的比较优势，才会找到适合自己的工作

虽然那些伟大的政治家和优秀的经济学者对现如今日本人的贫富差距问题持十分关注的态度，但是在现实中这个问题依旧很难解决，那么我们应该怎么做才好呢？首先让我们从每个人所领取的劳动报酬这个最基本的部分开始分析。

我们拥有选择职业的自由，同时自由地享受着各种各样的商品或服务。这实际上是非常不可思议的事情。既然每个人都能够自由选择职业，那么我们所需要的那些商品或服务又是谁来生产和销售的呢？

我们身边随随便便的一件商品，都是经过生产、运输、销售等环节及许许多多的工作才来到我们手上的。即便是通过最先进的技术手段生产出来的商品，如果无法做好比如运输之类的简单工作，就没有办法以最完美的状态呈现在消费者面前。

也就是说，虽然那些拥有更强能力和更精湛技术的人所从事的工作确实对社会做出了很大贡献，但为了使这些人的工作成果能够展现在世人面前，那些看似任何人都能够做好的简单工作也发挥着非常重要的作用。而在大多数情况下，能够将看似简单的工作真正做好的人

却很少（因此，企业会通过详细的工作效率表来对员工进行管理）。

上述这些内容在经济学上有一个术语叫作**比较优势**。我在教授大学经济学课程的时候经常对大学生们说："就算你们毕业时别的东西一点都没学会，但至少要记住比较优势和实际利率这两个概念，这对你们的将来一定会有帮助的。"我相信这两个概念是非常有用的（遗憾的是，实际利率的概念在本书中并没有涉及）。

图 7–3 中，在输入数据的工作中，飒子每小时能够输入 600 份数据，钝次郎能够输入 400 份数据。在制作表格的工作中，飒子每小时能够制作 12 个表格，钝次郎能够制作 4 个表格。

对飒子与钝次郎两个人的工作能力进行比较

工作能力（效率）	使用电脑进行工作	
	输入数据	制作表格
飒子	1 小时 600 份	1 小时 12 个
钝次郎	1 小时 400 份	1 小时 4 个

图 7–3 "比较优势"的思考方式一

输入数据只是从资料中找到数字并将其输入到电脑中，是非常简单的工作。而制作表格不仅需要根据不同的表格进行不同的操作，还需要一些统计学知识，在某种程度上来说是有一定技术含量的工作。而且不管是单纯的输入数据还是需要技术含量的制作表格，飒子的工作能力都更胜一筹。现实生活中经常会有这样的例子。

但是，将所有的工作都交给飒子做显然是没有效率的。每个人的精力有限，所以如果将一部分工作交给能力稍差一些的钝次郎，反倒能够更好地发挥飒子的工作能力。

通过对比我们可以发现，将输入数据的工作交给钝次郎比较合理（事实上也是如此），更详细的分析结果，如图 7–4 所示。飒子输入数据时候的成本，可以由“她在完成这项工作时少做了多少其他工作”来计算。用这种方法计算出来的成本被称为**机会成本**。

机会成本	使用电脑工作	
	输入数据	制作表格
飒子	输入 100 份数据的成本能够制作 2 个表格	制作一个表格的成本能够输入 50 份数据
钝次郎	输入 100 份数据的成本能够制作 1 个表格	制作一个表格的成本能够输入 100 份数据

结论：即便是在所有工作中都表现出色的人，如果能够得到别人的帮助，还是可以进一步提高工作效率的！即便是在所有工作中表现都一般的人，也一定可以找到能够发挥自身优势的工作！

7–4 “比较优势”的思考方式二

我们将输入 100 份数据的成本用少制作的表格数来表示，计算出飒子少制作了 2 个表格，而钝次郎只少制作了 1 个表格。相反，将制作一个表格的成本用少输入数据份数来表示，飒子只少输入了 50 份，而钝次郎则少输入了 100 份。

通过在这个显示机会成本的表格中对飒子与钝次郎的工作成本进行比较，我们可以发现，钝次郎输入数据的成本更低（钝次郎输入数据时少制作的表格数比飒子少)。同时，飒子在制作表格时的工作成本更低。这种情况可以理解为，“钝次郎在输入数据的工作方面拥有比较优势”，而“飒子在制作表格的工作方面拥有比较优势”。

通过将工作交给拥有比较优势（机会成本低）的人，可以提高整体的工作效率。在这个例子中，将输入数据的工作交给钝次郎，让飒子专心制作表格是最合理的选择。

在图7–4中，将1小时内能够进行的两种工作的工作量进行比较，计算机会成本。计算输入数据时的机会成本与计算制作表格时的机会成本，互相交换了分子和分母。因此，飒子在一方面（制作表格）的机会成本较低，而钝次郎在另一方面（输入数据）的机会成本较高。

也就是说，即便是在所有方面都具有压倒性实力的A与在各方面都稍逊一筹的B进行比较，他们也会在不同的工作领域拥有各自的比较优势。因此，就算是拥有综合实力的人，也不可能自己去做每一件事。通过让那些比自己能力稍差的人来帮忙，可以进一步提高自己的工作效率。

相反，就算是在任何工作中都能力低下的人，也一定可以找到其拥有比较优势的工作。但是，本书中举的都是非常简单的例子，并没有提到发挥自己比较优势的工作最重要的条件，那么这个条件究竟是什么呢?

比较优势的概念，经常出现在经济学教科书和启蒙读物上，但是却很少有人谈到比较优势在现实中的分工合作上的重要意义。这是因为对于我们个人来说，很难认清自己究竟具备什么能力，以及自己的能力究竟是高还是低。

我认为在职场中，工作能力常常与学历没有太大关系，只有你适不适合这份工作。而且因为我们每个人都处于和周围人的相对关系之中，所以如果周围环境发生改变的话，我们的立场也会发生巨大变化。

比如我在银行工作的时候，只是从事简单的文职工作和数据计算，以及出现问题时的一些终端机操作。而这些工作一个高中毕业的兼职家庭主妇甚至都比我做得好，而我是大学毕业生。通过这件事我明白了学历与工作能力并没有必然的联系。

神奇的是，对银行工作感到非常棘手的我，改行到大学担任老师之后，工作能力竟然得到了周围人的一致认可，而且现在我身边的人都是学历比我高的人（而且在我看来他们的工作能力都很强）。

仅凭表面上的学历和经历，在现在的职场中很难判断自己的能力相对适合什么职位。所以，很多没有正确认识自己能力的人在做着事倍功半的工作，这是目前职场中的普遍现象。

而拥有一定工作经验的人都知道，那些“错误”地理解自己能力的人，在职场中很难生存。我在大学讲课的过程中，收集了最能够说明这一事实的数据，接下来就用简单的数据进行说明。

最近日本校方不允许教师对学生们进行问卷调查了，所以这些数据都是我以前在上课的时候从学生那里搜集整理的。在某学期的最后一堂课上，我向学生们进行了对课程理解度的问卷调查，理解度为

0~100%。

将学生填写在调查表中的理解度数据，与随后进行的期末考试成绩进行对比，我发现了一个非常惊人的结果。

如图 7–5 所示，横轴是学生在调查表上“自己填写的对课程的理解度”，纵轴是“期末考试的分数”。为了便于理解，将数字简化，自我评价的理解度分为 5 种，相应的期末考试平均成绩以柱形表示。

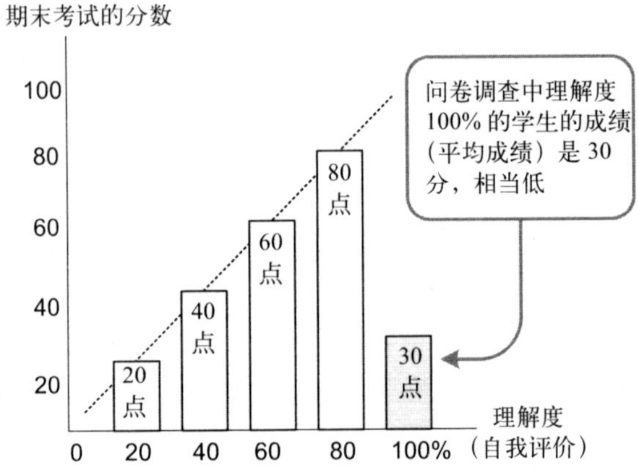

图 7–5　课程问卷调查与成绩之间的关系

除了自我评价理解度 100% 的学生之外，自我评价的理解度与期末考试的分数完全成反比（也与平均分完全成反比，个别分数稍有差别）。因为考试题目是从课程内容中选取的，所以很容易出现这种情况。

值得注意的是，那些自我评价理解度 100% 的学生们，期末考试成绩无一例外都很悲惨，平均分只有 30 分（甚至还有得 0 分的学生），拿到学分的学生一个都没有。

调查表中其他项目显示，回答理解度 100% 的学生们并不是出于开玩笑的目的才这样写的。他们是真的以为自己完全理解了课程的内容，所以在期末考试前连复习都没有做，结果只考了这么可怜的分数。这是一个证明过分自信会导致失败的最好例子。

图 7–6 中纵轴表示自己的“能力”，横轴代表与自己能力相关的“自我评价”。为了简化分析，我们将能力与自我评价都用“高”和“低”两个档次加以区分。结果分为四种类型，拥有高能力同时自我评价也很高的人，我们称之为“明星”。拥有高能力而自我评价很低的人，虽然拥有很高的工作效率但只能够做低层次的工作，我们称之为“手高眼低的人”。

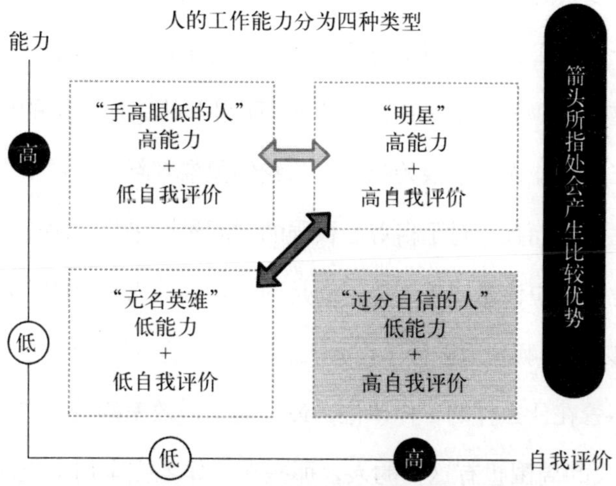

图 7–6　认清自己的能力十分重要

能力低的人的自我评价也分为两种，能力很低而自我评价很高的人，是“过分自信的人”。虽然能力不高，但对自己的能力有正确认识的人，能够对自己做出合理的自我评价，这种人被称为“无名英雄”。

通过比较优势来分工合作会使工作效率更高的情况，可以发生在“明星”与“无名英雄”之间，也可以发生在“明星”和“手高眼低的人”之间。比较容易理解的是“明星”与“无名英雄”之间的分工，这种分工能够激发出他们各自的优势，最大限度地提高工作效率。

让拥有高级技能且能够胜任复杂工作的“手高眼低的人”从事简单的工作，将复杂的工作分配给“明星”的工作模式，虽然有些过于浪费的感觉，但如果有需要的话,“手高眼低的人”可以暂时代替“明星”从事复杂的工作，这是这种工作模式的优势所在。

对于那些十分简单但却必须有人去做的工作（基本上大部分工作都属于这种类型），如果在一个都是“明星”的工作单位的话，就会在分配工作时让人感到很为难。因为我们很难判断“明星”之间谁拥有比较优势（而且，对于自尊心极强的“明星”来说，决定他们担任高级职位的不应该是比较优势，而是他们与其他人相比的绝对能力差距），所以无法顺利地进行工作分工。

但不管在什么样的工作单位，最影响工作效率的就是“过分自信的人”。我的周围也有这样的人，那些在工作上完全用不上的人，并不是能力最低的，而是那些高估自己能力的人。遗憾的是，从我在大学执教的这段时间的观察发现，每年都有很多这样的人从培养日本最优秀人才的大学毕业，走上社会（当然，也有很多真正优秀的人）。

那些对自己的能力过分自信的人，因为能够记住大概的内容，所以连真正重要的那部分内容也不做笔记，因此他们经常会失败。而且，他们对于只要稍微花些心思就能够做好的事情也不放在心上，结果还是会失败。

从一流大学毕业后顺利走上领导岗位的人，如果对自己的能力过分自信，就算出现低级失误，也会认为“像自己这样能力极强的人都会出现错误，那这种错误一定是不可避免的”，结果对自己的行为不做任何反省。而周围的人虽然会感到非常困惑，但是出于对某些工作原则的考虑，不便对此做出指正。

就算是能力比较低的人，只要在工作的过程中不断学习，不断努力，一定能够逐渐提高能力。就算一开始只是一个“无名英雄”，只要认真工作提高自己的能力，接下来很有可能成为“手高眼低的人”，最后变成“明星”。既然人生在一定程度上会被运气左右，就意味着我们每个人都会有机会。

经济上的富裕，从根本上来说，是以“基于比较优势的工作分工的利润”所构成的。从这个角度来考虑，“赚钱能力”的真正含义应该由以下两点组成：第一，从事能够让尽可能多的人得到利益的工作；第二，使这些利益之中的一部分成为自己的。

在之前的章节中我们已经分析过，消费者购买某种商品时支付的金钱，很大一部分属于分解附加价值之后的交易成本，或者为了节约交易成本而支付的费用。我们经常要为将商品送到我们手上的劳动或者为节省了我们自身劳动的服务付费。

因此，有关商品、服务、劳动力以及信息的整合传输等，任何一件节约交易成本的工作，实际上都是拥有极大价值的。虽然这些工作并不需要特殊的技能，但是却需要从事这类工作的人具有以下几种能力（资质）：

① 清楚地知道自己能做什么（不能做什么），能够做好自己力所能及的工作（具有一定的责任感）

② 能够想到对方的需求（能够应对各种各样的情况）

③ 具有一定的解释说明能力，有热情、有诚意

④ 小心谨慎，对于重要的工作内容会不厌其烦地向他人确认

实际上，与拥有高级专业技能的人相比，那些虽然平凡却能够将这 4 种情况处理好的人所获得的报酬往往更多。而且，只要拥有这 4 种能力，在不断的工作经验积累中也一定能够提高自己的专业技能（但过分依赖体能的工作也许会例外）。

如果拥有上述能力，却仍然无法赚到钱，那一定是因为没有从自己创造出的利益中收取应得的那一部分。想要拿到应得的报酬，也不是一件容易的事。

时刻监督员工工作是很难做到的

接下来让我们看一看，在职场之中抓住机会努力提高自身能力和难以获取适当的报酬之间的关系。请看图 7–7。这是一个委托别人钓

鱼的例子。自己想吃鱼的委托人请渔夫（代理人）替自己钓鱼，但是委托人自己并不会去渔场，所以无法监督渔夫的工作。

工作成果以钓上来的鱼的数量来评估。渔夫的努力程度与运气决定工作成果，图 7–7 中间的图表是对这一数据的列举。为了便于理解，尽量用简单的数据表示。

“幸运”的情况下，不管渔夫努不努力，都能钓到 50 条鱼。“不走运”的情况下，不管渔夫努不努力，都只能钓到 10 条鱼。而运气“一般”的情况下，渔夫的努力就会发挥巨大作用。努力的话能够钓到 50 条，不努力的话只能钓到 10 条。

而且当天的运气好坏，渔夫只有在一天的钓鱼工作结束之后才会知道，因此他不能够根据运气情况来决定自己是否努力。遗憾的是，很有可能出现努力了一天却因为运气不好而只钓到 10 条鱼的情况。

在这种情况下，渔夫最合理的选择应该是“不努力”。就算不努力也有可能一天钓到 50 条鱼，而即便努力也有可能一天只钓到 10 条鱼。另一方面，因为委托人无法监督渔夫的工作，所以无法从结果判断渔夫是否努力了。因此，渔夫选择“不努力”对自己更有好处。

代理人利用委托人无法进行监督的“漏洞”在工作中偷懒（或者损害委托人利益）的问题，其经济学术语叫作**道德风险**。这是在我们日常生活中十分常见的问题，因为我们每个人只要不处在监督之下，都会产生偷懒心理。

或者说，在某些情况下就算努力也不见得能够获得相应的报酬。比如在运气“一般”的情况下，渔夫通过努力可以钓上来 50 条鱼，比不努力的时候多出来的 40 条鱼，就是努力的额外利润。如果渔夫提出要从这额外的 40 条鱼中拿走 20 条作为努力的报酬，委托人会怎么想呢？

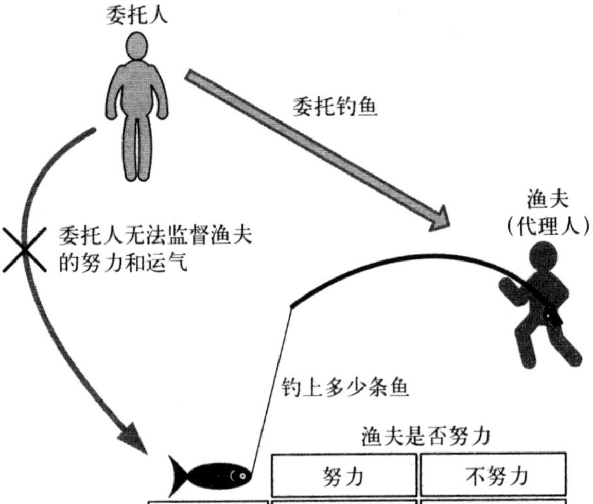

渔夫是否努力

运气	努力	不努力
幸运	50 条	50 条
一般	50 条	10 条
不走运	10 条	10 条

↓

渔夫（代理人）选择“不努力”是合理的

问　为了让渔夫在任何情况下都选择“努力”，委托人应该怎样做？

答　①支付成本对渔夫进行“监督”
②根据成果支付报酬

现实中这样的问题解决起来更加困难

图 7–7　委托渔夫钓鱼要不要监督？

委托人并不知道渔夫的运气状况，所以心里肯定会怀疑“这 50 条鱼是因为运气好而钓上来的，根本不是努力的结果”。既然无法确定渔夫的运气和努力情况，也就无法给予渔夫最合理的报酬。那么在这种情况下，对于委托人来说最合理的做法就是不管工作成果如何都给予渔夫 5 条鱼作为报酬。

既然努力提高工作成果并不会增加报酬，那么渔夫选择不努力是最合理的。但是这不管对委托人来说，还是对渔夫来说，都不是最好的结果。

虽然委托人希望尽量调动渔夫的工作积极性，但即便对渔夫的努力给予更高的报酬，只要无法对渔夫的运气好坏与努力与否做出判断，那么渔夫收取了高额的报酬也一样不会努力，就依然无法防止道德风险的产生。

因此只能采取消耗一定的交易成本，由委托人亲自前往渔场，监督渔夫工作的方法。但是，这种不处于监督之下就不会工作的状态，使双方都无法获得更高的利益。而为了提高工作积极性实施的报酬体系（业绩报酬），在现实中又常常难以顺利实现。由此可见，不但预防道德风险本身是一个难题，想要解决这个问题也非常困难。

因为我们很难评价一个人在工作中创造出的真正价值，所以做出卓越贡献的人也许无法获得应得的报酬。这是我们工作中遇到的最大的问题之一。如果一个人明明拥有很强的工作能力，还创造出了比其他人更多的利益，可是却无法获得与之相应的回报，就说明在利益的分配上是存在问题的。

在现实的职场中，要解决道德风险的问题有一个非常简单的办法，那就是雇用“在没人监督的情况下，即便付出的努力可能得不到恰当的评价，依然拥有努力工作的信念、对工作认真负责的员工”。

当希望以分工的形式提高工作效率的时候，对每个人的工作进行监督，需要消耗非常高的成本。但如果不进行监督就有可能出现不认真工作的情况，就算消耗成本也不得不进行监督。因此，那些具备“就算很辛苦也会认真工作”这种职业操守的人，在工作中常常会获得极高评价。

关于“认真”的定义问题，工作时自我感觉的认真是不足以作为判断依据的，而之前说过的 4 种能力，才是非常重要的依据。

外貌和资格证书不是获取高薪的充分必要条件

我身为一名大学教师，对于近年来大学生们的就业意识感到非常失望。很多学生坚信“在学校获得某种证书，或者掌握在工作中能够用得上的电脑技能，对将来的就业必定十分有利”，结果在大学时不好好学习专业知识，反倒将时间花费在考取证书上面。

其实我念大学的时候也整天逃课，所以不想对现在的学生们说出“在大学里面要好好学习”这样虚伪的话。但如果只是单纯地为了考取证书而学习，我认为还不如去玩耍、打工、参加社团活动，甚至好好学习大学课程。

当然像护士、医生以及注册会计师这些难以考取的证书要另当别论，这里我指的是只要很短时间就能够获得的资格证书。与这些"获得证书对就业有帮助"相似的另一种观念是"外表出众对就业有帮助"。

确实，外表出众或者拥有某种资格证书，对提高收入有一定的帮助，但我认为其最多只能带来如下效果。请看图 7–8。为了方便理解，以简单的数据来举例说明。

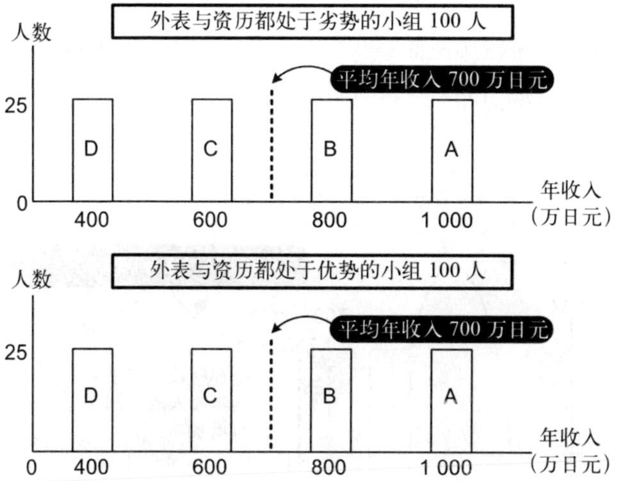

图 7–8　外表出众或拥有资格证书能够提高收入吗?

假设将 200 人按照外表与资历分成两个小组，每个小组 100 人。各小组中的成员除了外表与资历之外的其他能力都是随机分配的，并分为 A、B、C、D 四个等级。

每个小组中的四个等级都各有 25 人（占 1/4），如果不考虑两个小组之间外表与资历的区别，A 等级年收入 1 000 万日元，B 等级年收入 800 万日元，C 等级年收入 600 万日元，D 等级年收入 400 万日元。两个小组的平均年收入都是 700 万日元。这就是图 7–8 中上下两个图表所显示的内容。

我认为外表与资历所能够带来的优势，基本如图 7–9 所示。在这个世界上，确实存在仅凭外表出众或者拥有某种资历就可以获得的工作。但是，那些真正高收入的工作，需要的一定是能力更加全面且优秀的人才（当然也有全凭运气的可能）。在这个例子中，假设凭借出众的外表和某种资历所能够获得的最高年收入只有 600 万日元。理由将在后面做详细说明。

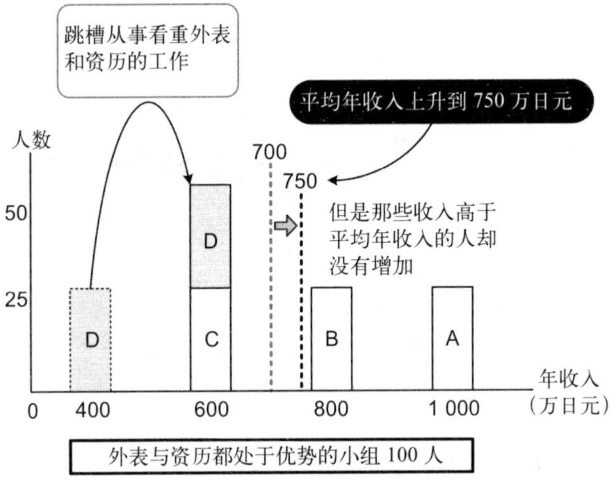

图 7–9　收入增加之后

那么，在外表和资历方面都占据优势的小组中，D 等级的 25 个人能够以外表与资历为武器提高自己的年收入。结果，这一小组的平均年收入变成了 750 万日元。然而外表与资历都处于劣势地位的小组的平均年收入没有变化。由此可见，外表与资历拥有平均年收入提高50万日元的效果。但是，仅凭外表与资历无法增加赚取高额年收入的人数。

关于单纯凭借外表与资历只能够升入C等级的原因，我将列举两个事例进行说明。

首先，假设有一位美女，即便她出众的容貌能够给周围的人带来很大的幸福感，但要将这种幸福感转化为她自身的利益却非常困难。那些看上去似乎凭借美丽外表获得高额利益的人，实际上是将自己的美貌与能够获得利益的行动结合到了一起，通过自己的心计（头脑的高速运转）与执行力来获取利益。这种人拥有聪明的头脑，懂得如何抓住别人的心理，就算没有出众的外表也一样可以获得成功。

另一个事例是刊登在2006年5月15日《总裁》杂志上的文章。文章对多所大学的录取分数线与毕业生的年收入水平进行比较，找出那些录取分数线低但毕业生年收入高的大学。而我更感兴趣的是那些录取分数线高但毕业生年收入低的大学。

〇〇外国语大学、××外国语大学、△△外国语大学，这些以英语专业为主的外国语大学的名字赫然在上，还有其他拥有很高知名度、录取分数线也不低的大学。其中就有我妻子毕业的大学，事实上我妻子现在所从事的也是英语口译与笔译的工作。我将这篇文章给妻子看，本以为她看过后会勃然大怒，没想到她的回答却十分肯定："对于学外语的人来说，都知道仅仅依靠外语能力是无法获得高额报酬的。"

当然，也有凭借高超的外语水平获得高额薪水的人，但是这些人的基本工作能力也很高。一个外语水平很高的人，如果无法将外语条理清晰地翻译出来，那么依旧无法胜任翻译的工作，因为将原作者的内容准确无误地表达出来是翻译人员应具备的基本能力。

很多大学生都认为多学英语没有坏处。确实，在从事国际性工作的时候英语是非常必要的工作技能。但即便英语如此重要，如果只掌握这一种工作技能，也只能从事一些低收入的工作。由此可见，那些仅仅依靠外表和证书所获得的工作，正如图 7–9 所示，最多只能获得 C 等级的报酬。

从图 7–9 中我们可以得出一个结论：外表与证书只有“提高工资下限的作用”。虽然这些结论只是我的假设，但只要观察一下自己身边拼命工作的人们，你就会发现我的这种说法并没有错。读者朋友们又是怎么想的呢？如果有兴趣的话，也可以自己尝试着进行判断，得出结论。

第八章

政府为儿童提供免费医疗真的有助于减轻父母的负担吗？

——过度依赖政府的补贴，难免造成公共资源的浪费

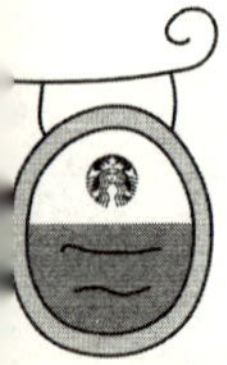

彻底忘记沉没成本的存在，及时止损

新闻媒体上经常出现关于政府挥霍财政预算的报道。无意义的公共工程、官员的贪污、公共工程的潜规则、荒唐的年金制度、行贿受贿、公务员的灰色收入、支付给议员的高额报酬、过分豪华的议员官邸等诸如此类的问题不胜枚举。

在本章中，让我们从成本的角度来分析一下政府的经济活动。首先是公共事业。当今的日本有很多每年都出现赤字的公共事业，需要使用税金来填补其财政漏洞以维持运营。像这样的情况，应该如何计算成本呢？

我们以出现故障的数码相机为例，推导出成本的计算方法。购买时花费 5 万日元，原本打算使用 3 年的数码相机，在购买一年半的时候出现了故障。这时，我们有两种应对方法。①送去修理需要花费 3 万日元的修理费。②买一个新的同样款式的相机，其价格已经大幅下降，目前只售 2 万日元。

第一种方法的附加成本是 3 万日元，而第二种方法的附加成本是 2 万日元。不管选择哪一种，最后的结果都是得到一个能够使用的相机，因此从成本的角度考虑，应该选择购买新品。虽然这款相机是以 5 万日元的价格购买的，如果不修好的话会有一种浪费了或可惜了的感觉，但是对于消费者来说，忘记过去的那 5 万日元才是明智之举。

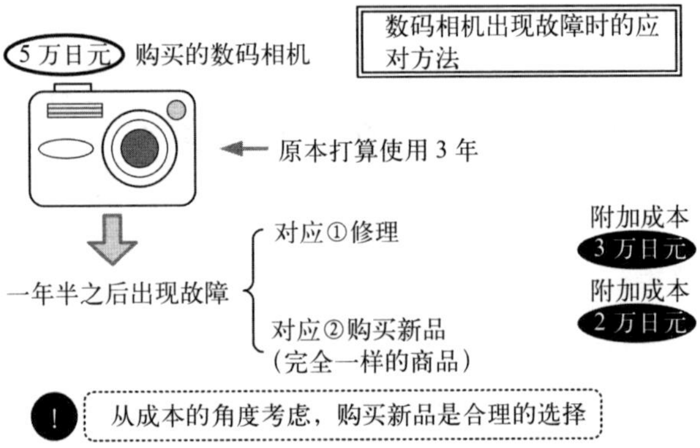

因为是花费 5 万日元购买的相机，也许会出现“不修好就浪费了”的感觉，但明智的选择是忘记过去的 5 万日元。

图 8–1　忘记过去的成本也很关键

如果出现故障的数码相机不能当作二手货卖出去，这就意味着最开始支付的 5 万日元无法回收，这 5 万日元被称为**沉没成本**。因为沉没成本是彻底无法挽回的损失，所以最合理的做法是完全不去考虑沉没成本的存在。

即便是那些不愿意浪费资源，或者关注环境的环保人士，也应该选择购买一台新相机。因为在修理旧相机的时候也许要更换零件，这就要用到更多的资源，造成浪费。另一方面，出现故障的相机可以进行分解，通过回收零件实现再利用。

就算回收之后的零件只值 5 000 日元，那也不是浪费。因为在相机的整体价格构成中，零件的成本差不多就在 5 000 日元左右。虽然购买新相机再次占用了 5 000 日元的资源，但是将出现故障的旧相机的零部件回收，能够将这 5 000 日元的资源在其他方面进行有效利用。

也许有人认为购买新相机，相当于自己购买了两台相机，会造成一定的浪费，但实际上我们所支付的相机费用大部分都是技术研发和相机的生产及销售过程中所耗费的劳动力成本。

简单地说，消费者在发现相机出现故障的时候面临两种选择，或者消耗修理相机的劳动力成本，或者消耗生产一台新相机的劳动力成本。在规模经济效应下，生产一台新相机的劳动力成本要远远低于单独维修一台出故障的相机所消耗的劳动力成本，因此修理费才会高于购买一台新相机的价格。如果不想浪费多余的劳动力，那么购买新相机才是正确的选择。

最重要的一点就是，一定要忘记过去支付的 5 万日元的沉没成本。就算这个相机价值 20 万日元也一样。不管过去投入了多少钱，都应该把它忘掉，通过对附加成本的比较来做出正确的选择。

接下来让我们根据图 8–2 分析一下比当初预计的使用人数少得多的公共事业的成本情况。图中仅举出了一个非常简单的例子，现实生活中类似的例子屡见不鲜。

总工程花费 200 亿日元建成的凸凹新干线，每年的运营费用高达

10 亿日元。而搭乘的人数甚至不到当初预计的 1/4，每年给当地居民创造的收益只有 3 亿日元。为了便于解释说明，我们将这 3 亿日元的利益看作新干线的利润，那么每年政府需要从税收之中拿出 7 亿日元来填补赤字。而现实生活中居民在搭乘的时候只需支付少量的车费，所以实际的赤字会更大。

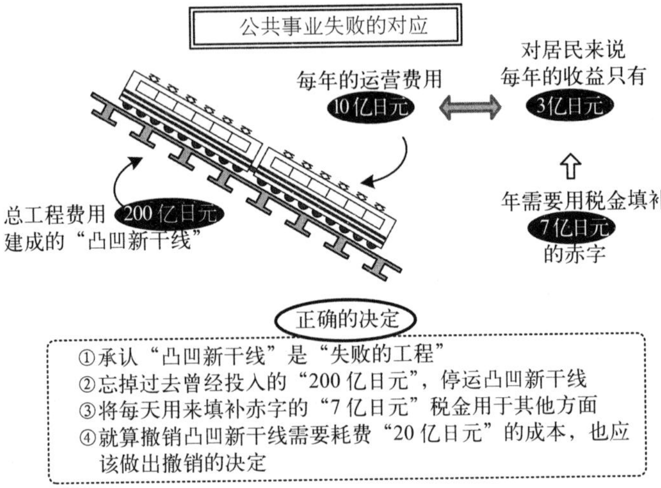

图 8–2　失败的工程如何处理

如果这种问题无法得到解决，那么很遗憾，只能老实承认“凸凹新干线是失败的工程”。在这种情况下，应该忘记投入的 200 亿日元，做出撤销凸凹新干线的决定。与刚才那个数码相机的例子一样，彻底忘掉过去的 5 万日元。

凸凹新干线撤销后，每年用来填补赤字的 7 亿日元就可以用在更重要的地方。就算撤销凸凹新干线需要花费 20 亿日元的成本，依旧应该做出撤销的决定，因为如果今后 3 年间继续运营凸凹新干线的话，还需要21亿日元的税金来填补赤字，与此相比，不如现在立刻投入20亿日元税金完成对凸凹新干线的撤销工程，这样造成的损失会更小些。

但是，不甘心放弃这条已建成的新干线的政府也许会以“将来搭乘者有可能增多”为由继续保留凸凹新干线，因为他们不肯承认自己的失败。由于这种不知悔改的行为导致事态恶化，这种情况在现实中时有发生。为了弥补过去的错误，政府会通过举办活动、扩大宣传等手段尽可能增加搭乘者人数以减少运营成本造成的损失。虽然这种行为本身是本末倒置（只会造成税金的无故浪费）的，但与下面这个情况相比还算好的。

最坏的情况就是，为了使这条新干线获得生机，政府在沿线建设公共住宅与公园等公共设施。如果这个地带具有此等开发价值的话，那些整天拼命搜集信息寻找新的商机的民间企业，早就在这里建设公寓和商业设施了。正因为这条新干线没有增加周边地区的便利性，所以使用的人才会那么少。

与其将税金投入到凸凹新干线周边地区的开发建设之中，不如用于解决其他居民密集地区的交通拥堵和地下管道铺设等实际问题。但现实的情况却是，一些造成浪费的公共事业会继续造成更大的浪费。

我们可以通过一些政策来限制政府对税金造成的浪费，并且使政治家和官僚们乐于在这方面遵从民众的意见，这是一个非常有效的方法。相反，有一些同样重要而且只有政府才有能力解决的问题，却因不容易引起选民的重视而常常会被政府忽视。

其中最具代表性的，就是那些为了预防未来可能出现的问题而做出的努力。因为这些都是不太引人注目的事情，在选举中也无法引起选民的重视，所以政府会逐渐削减对于这种公共事业的开支。比如日本政府用于艾滋病患者的“艾滋病救治”预算，在 10 年中大约减少了 1/3。

近年来各种产品事故频发，日本制造业的品质管理能力低下已经成为非常严峻的问题，但是用于检查各种商品性能与质量问题的“商品检测”预算却被大幅削减。某些地方政府的商品检测预算，近年来甚至减少了 1/2。

日本国民生活中心专门刊载商品检测结果和消费者权益保护问题的两本杂志——《国民生活》与《雪亮的眼睛》由于受到财务省削减经费支出的影响，不得不于 2007 年宣布停刊。如果这两种杂志也像普通的杂志一样，依靠企业的赞助和广告费来维持运营的话，就无法公平公正地进行商品检测，因此，这应该是由政府出资维持出版的杂志。

在日本，地方政府所做的与消费者相关的其他财政预算在 5 年间减少了三成。金融诈骗等恶性商业活动迅速增加，复杂的金融交易引发的矛盾纷纷涌现，可是为了解决这些问题而设置的咨询窗口却不断减少，负责处理事务的职员也寥寥无几，甚至连维权的民营企业也消失殆尽了。

艾滋病的救治、商品检测与消费者权益保护等问题，是真正关系到国计民生的大事，是日本政府（国家与自治区）应该承担的真正重要的工作。但现实中有很多地方政府对这些问题不甚重视，相反，对于那些可有可无却很引人注目的事件（比如某些博览会或世界范围内的体育赛事），往往投入大量精力去组织和实施，投入巨额的税金去建设面子工程。本末倒置说的就是这种现象。

效果适得其反的儿童免费医疗政策

地方政府的政策方针变得越来越不靠谱，很遗憾，这与我们自己对政府行为的态度有非常大的关系。接下来我将为大家介绍一个典型的例子。

引发日本市民关注，并且在知事、市长以及国会议员的选举中时常成为争论焦点的一个问题，就是日本日趋严重的“少子化”现象。候选人为了在选举时获得选民们的支持，大部分都会许诺扩大儿童（特别是婴幼儿）的免费医疗范围。以我居住的爱知县 2007 年 2 月举行的知事选举为例，现任知事为了谋求连任，承诺将进一步减免儿童医疗费用，“学龄前的儿童看病免费，小学生与中学生住院免费”。

乍一看，这对于有孩子的父母来说是非常有利的政策。但实际上我作为一位家长，对无节制地扩大免费医疗范围持否定态度，因为我比较重视生活中的交易成本，所以很担心出现图 8–3 那样的情况。

现在日本妇产科与儿科的医生数量大幅减少，在医疗层面上不管是生育还是抚养教育一个孩子都很困难。我的孩子一旦生病，必须要在儿科医院排队等待很长时间才能够得到治疗。相信很多日本的家长都有过这种经历吧。可是即便如此，这些孩子的家长在看到“儿童免费医疗”的选举承诺时，还是会表示赞成。

但是，如果真的实施儿童免费医疗政策，那么在很多医院一定都会出现人满为患的现象。图 8–3 是以前往儿科医院进行治疗的患者为例对婴幼儿实行免费医疗前后的对比图。实行免费医疗以前，每位患儿在接受治疗前的平均等待时间是 30 分钟。一旦实行免费医疗，那些没有必要前往医院看病的患儿也会来到医院就诊。与去药店买药相比，前往医院领药更加合算（毕竟是免费的）。因此，很多家长选择带孩子去医院就诊也是理所当然的。

免费医疗导致医疗服务浪费现象增加，关于救护车的滥用就是一个很好的例子，如轻伤叫救护车、宠物生病叫救护车，甚至去医院看病也不叫出租车而叫救护车，这白白浪费了巨额资金，成为一个新的社会问题。遗憾的是，有很多人会钻免费的空子，所以在制定政策的时候这是一个不得不考虑的问题。

实行免费医疗的话，在日本的儿科医生不断减少甚至供不应求的同时，还会增加前往儿科就诊的患儿数量。虽然医院的患者增加了，但是儿科医生却无法从中获得更多报酬，在这种情况下想要增加儿科医生的数量，是根本不可能的。因为增加的只是那些几乎没有必要前往医院就医的患儿，从儿科医生的立场上来看，等于增加了很多不必要的工作量，却并没有增加任何收入。渐渐地，愿意做儿科医生的人会越来越少，这是非常危险的趋势。

从长远来看，这种政策方针会对儿科医生的人数造成负面影响，是一个巨大的问题。从短期的情况来看，有两个明显的问题。首先，拥挤的就医环境会使那些急需治疗的患儿（婴幼儿）无法及时得到救治。这是一个非常严重的问题。

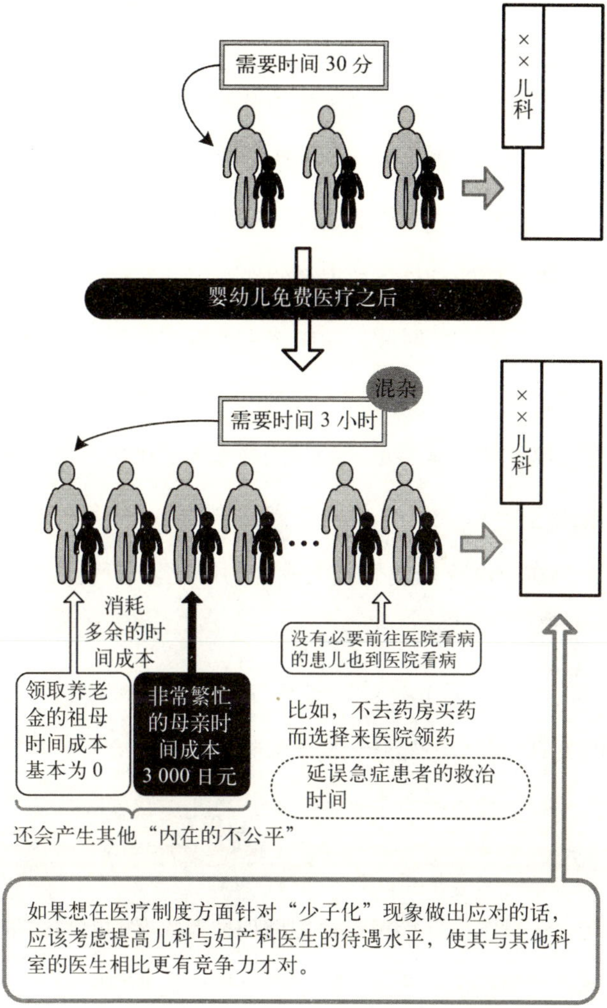

图 8–3 在婴幼儿免费医疗的情况下

另一个问题是，这会导致非常不公平的现象产生。我相信每一位读到这里的读者都不会认为“全民免费就是公平”，但是在这个世界上仍有很多人持这样的想法（因此这才会成为候选人的竞选武器）。

正如图 8–3 所示，由于免费治疗导致就医人数增多，得到治疗所需要的时间延长到了 3 小时。患者人数越来越多，等待就医的时间越来越长，关于这一点凡是去过医院的日本人都深有体会吧。

图 8–3 举了两个例子，分别是依靠养老金生活的祖母和工作繁忙的母亲带孩子前往医院就诊的情况。祖母的时间成本几乎为零，而工作繁忙的母亲在医院就诊人数很多的情况下就必须请假带孩子前往医院。算上往返于医院的时间、在候诊室等待的时间、接受治疗和取药的时间，工作繁忙的母亲带孩子看病的时间成本是相当高的。图 8–3 中假设工作繁忙的母亲每小时的时间成本为 3 000 日元，当然有人的时间成本比这个低，也有人比这个高。总之，虽然免费医疗节约了医疗费用，但在无法降低我们就医成本的情况下，反倒会造成更大的浪费。

这样的政策实际上会对非常多的人产生不利的影响，而能够从中获利的人只占极少一部分。越是那些看上去会给很多人都带来福利的政策，实际上越会造成不利的影响，患儿免费就医就是一个典型的例子。

首先，免费医疗会不可避免地增加地方政府的财政赤字，最后这些损失都会摊到孩子们头上。对于十分繁忙的儿科医生来说，增加许多不必来医院就诊的患者，会给他们造成很大的麻烦。而那些急需救治的患者，却因为就诊患者的数量过多而延误治疗，甚至会出现夜间与休息日看不上医生的情况（或者会来回折腾），最终导致难以挽回的结果，相信这是每一位家长都不愿意去面对的。另外，在医院众多的患者中间待的时间越长，被传染上其他疾病的可能性也就越大。对于孩子来说，长时间待在医院里不能去幼儿园不是一件开心的事。

经过冷静的成本计算，我们不难发现，实行免费医疗所产生的负面影响，远远大于原本只需要承担一小部分医疗费用的影响，能够从中获利的人也非常少。如果能够让所有人都清楚儿童免费医疗政策的负面影响，虽然也会有一小部分人对这个政策持赞同态度，但相信大多数孩子的家长都会反对这个提议。

交易成本的存在会导致“内在的不公平”，工作繁忙的母亲（或者父亲）需要承担更高的交易成本。目前日本“少子化”虽然是社会问题，关于这个问题的争论也一直存在，但关键在于提供可以让母亲一边工作一边照顾孩子的环境。像儿童免费医疗这种反倒给工作繁忙的母亲带来麻烦的政策，简直就是在给解决“少子化”问题帮倒忙。

从收入差距的角度考虑，这个政策同样会带来非常不好的影响。请看下面这个扩大收入差距的例子。

第一类家庭：父亲收入极高、母亲是全职主妇、祖父母都依靠养老金生活的家庭，带孩子去医院看病的时候，时间成本并不是太大的负担。第二类家庭：为了弥补父亲收入不足的问题母亲也努力靠兼职赚钱、祖父母对小两口帮不上什么忙的家庭，或者单身母亲一边工作一边抚养孩子的家庭，一旦医院的就医环境进一步恶化，会使母亲的收入降低，家庭生活更加困难。

如果实行免费医疗，会给第一类家庭带来更多好处，会使第二类家庭遭受损失。像这样的事例还有很多。尤其在儿科医生不断减少已成为日本社会问题的现在，“儿童免费医疗”实在是一个弊大于利的政策，还有扩大贫富差距的危险。

如果想要通过医疗相关的政策来解决目前“少子化”问题，那么应该考虑提高儿科以及妇产科医生的待遇水平，使其与其他科室的医生相比更有竞争力。

也许有人会认为，因为待遇好而选择做儿科或妇产科医生的人，肯定都是一些财迷心窍的家伙，我才不想去找他们看病。但是，我可以肯定地告诉你这种想法是错误的。

那些对社会做出极大贡献的人，因为人手不足每天都在繁忙地工作着。像这样忙碌的人如果不能够获得高收入，那究竟什么样的人才配获得高收入呢？如果一项政策不能够通过收入来回报他们，那究竟应该用什么来回报他们呢？

但是现在的情况正朝着我所担忧的方向发展。东京 23 个区之中的 19 个区，为了向抚养孩子的家庭提供援助，在 2007 年实行全部减免中学毕业前的孩子住院与诊疗费用的政策。可是这样做真的没问题吗？即便在东京，儿科医生的数量也并不充足。比如 1999 年在东京某私营医院工作的儿科医生猝死，就是因为儿科医生严重不足导致工作条件极其恶劣所引发的悲剧。2007 年 3 月 14 日，东京地方法院认定这是过劳死。就连东京都因为儿科医生不足引发如此严重的问题，那么无节制地扩大儿童免费医疗范围的制度，将对今后的日本造成什么样的影响，实在很令人担心。

对于日本政府的经济行为和政策，我们不应抱有过高的期望。正因为我们总是要求政府实行许多无视成本的政策，所以候选人在竞选时为了提高支持率，才会提出像儿童免费医疗那种看上去很美但实际上却弊大于利的政策。

那些任何问题都依靠政府解决的市民，在某种程度上就好像同政治家勾结在一起谋求不法利益的企业一样，会引发严重的问题，应该引起我们的重视。

第九章

日常生活中的价格与经济学

——学会从交易成本的角度分析商品的价格

石油资源稀缺的日本，为什么石油产品出口却增加了？

本章将以我们日常生活中交易时有可能出现的各种情况为例，通过对价值要素的分解，将重点放在交易成本等问题上，并结合本书提到的方法进行分析。

首先是关于石油产品的出口。日本一直是汽油等石油产品的出口国，而且近年来出口量呈现大幅增加的态势。另一方面，伊朗却是石油产品进口国，而且时常出现供不应求的局面。

相信第一次得知这件事的读者，一定会感到非常意外吧。日本国内几乎没有油田，石油差不多百分之百依赖进口，而伊朗则是世界范围内著名的石油产地。

这里面最重要的一个问题是，从地下油田开采出来的石油（原油）之中含有各种各样的成分，将这些成分分别提取出来的产品就是

“石油产品”。从原油之中提取出石油产品（将原油成分分解）的过程是“提炼”。

在日本，几乎百分之百的原油都依赖进口，然后将提炼原油之后所生产的汽油等石油产品出口销售，近年来呈现出口量增加的趋势。请看图 9–1。图中上方的图表显示的是原油提炼后可以分解出多少种石油产品。实际上可以分解出的石油产品还有很多，这里为了简化说明，只举出具有代表性的几个品种。

塑料筐和塑料袋也是从石油之中提炼出来的元素制成的。上了年纪的日本人大概都会有印象，1973 年第一次石油危机的时候，超市里面用来装鸡蛋的小盒子都紧缺起来。不只是装鸡蛋的盒子，在我们身边还有很多以石油为原料生产出来的东西。

将原油分解为各种成分的过程具有非常重要的价值。但是，因为这种作业需要专业的设备，所以成本也会很高。实际上，日本的石油提炼设备供大于求，处于设备过于饱和状态。另外，日本的石油提炼技术居于世界领先水平，因此能够以很低的成本提炼出高品质的石油产品。

反观世界上其他国家，伊朗虽然是世界著名的产油国，同时也是原油输出国，但是它的石油提炼设备却严重不足，因此其国内消耗的汽油有很大一部分（2006 年时大约有四成左右）依赖进口。越南也是产油国，但因为国内没有石油提炼设备，所以汽油完全依赖进口，进口商进口并销售劣质汽油成了越南的一大社会问题。

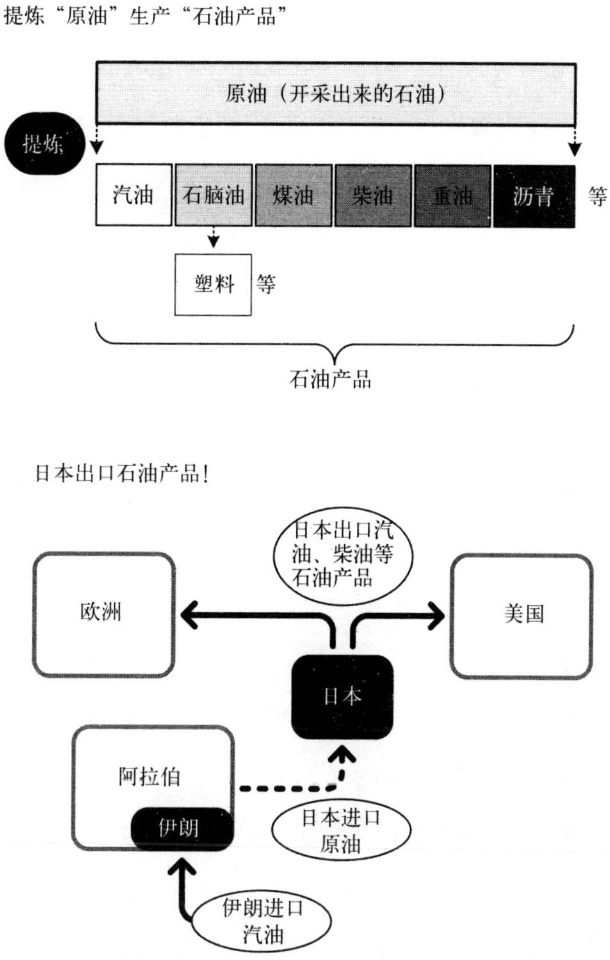

图 9–1　原油与石油产品贸易

美国在 2005 年遭遇飓风灾害，石油提炼设备受到严重破坏，修复工作进展缓慢，这次灾害使得美国的石油提炼设备明显不足。于是在遭遇飓风之后，美国加大了日本汽油的进口量。图 9–1 中下方的图表就是上述贸易过程的简单图示。

日本向欧洲的柴油出口也出现了增长。柴油是以柴油为动力的汽车的主要燃料。以柴油为燃料的汽车曾经在日本造成的公害问题尚未解决，并且给日本国民留下了这类汽车对环境有害的印象，但是欧洲却认为以柴油为燃料的汽车更环保，因此欧洲的大部分汽车都是以柴油为燃料的。随着技术的进步，以柴油为燃料的汽车确实成了比以汽油为燃料的汽车更加环保的汽车。

因为日本的石油提炼技术很高，所以能够生产出更加环保（有害成分大幅减少）并且比其他国家成本更低的柴油。另外，原油进口价格（国际油价）与各种石油产品的出口价格，因为受到许多因素的影响每天都会发生变化。

因此，即便阿拉伯的石油输出国将原油出口到日本提炼出柴油再出口到欧洲的成本，依旧低于阿拉伯国家直接将原油出口到欧洲进行提炼的成本（或者是出于品质方面的考虑）。使用大型油轮进行海上运输的成本实际上是非常低的。

因为对以柴油为燃料的汽车的认识不同，所以日本的柴油价格非常便宜，欧洲对柴油的需求量却很大，这是日本的石油公司将柴油出口到欧洲的主要原因。因为原油的提炼工作是一次性完成的，因此即便冬季家庭供暖设备用的煤油需求量增加，也不可能只提炼出煤油，而是汽油、柴油和重油被同时提炼出来。

如果将这些产品直接在国内销售，会因为供大于求而使价格下挫，最后只能够以极低的价格抛售。所以日本的石油公司会将多余的汽油和柴油出口到海外，用以稳定其国内市场的价格。

日本2006年夏季与2007年夏季出现的汽油价格急剧上升的问题引发了市民的关注。虽然原油价格早在几年前便开始出现急速上涨的势头，可是为什么日本国内的汽油价格直到2006年夏季才开始大幅上涨呢？这是原油价格的上涨部分终于反映（转嫁）到了汽油价格上的缘故。

日本的石油提炼设备产能过剩是造成这种反应滞后的主要原因。另外，销售汽油的加油站之间竞争激烈，也使得日本的汽油价格难以提升。

与其闲置生产设备，不如将商品生产出来，即便以低价销售也有利可图，这种情况与为百元店生产商品的工厂相同。看到这里，相信读者们会明白，为什么百元店销售的塑料筐竟然是日本制造的了。

图9–2显示的是2007年夏季日本汽油价格的明细。当然汽油的价格和其所包含的成本，因为销售渠道的不同会有所差异，这里只是举一个例子。

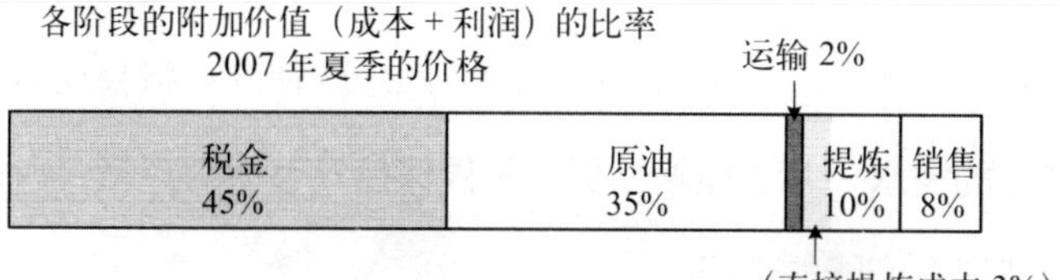

图9–2　日本国内汽油价格的明细

众所周知，税金在汽油价格的构成中占相当大一部分。这里假设税金的比率为45%（根据汽油价格的变化，税金在汽油价格中所占的比率也在不断变化）。原油的价格占汽油价格的比率为35%，税金与原油的成本就占汽油价格的80%，剩余的20%就是运输、提炼以及销售等阶段的附加价值。

运输公司的劳动所得占汽油价格的2%，其中包括运输成本与运输公司的利润。负责提炼石油产品的公司的劳动所得占汽油价格的10%。虽然直接提炼成本只有3%，看上去剩余的7%都是石油公司的利润，但由于实际上还要支付石油提炼设备以及劳动力等成本，所以最终赚不到多少钱。另外还有销售阶段的附加价值（成本+利润）8%。

从遥远的阿拉伯国家将石油运送到日本，运输成本只占销售价格的2%，即便将提炼之后的汽油与柴油运送到美国和欧洲所需要的运输成本是现在的两倍，也不会产生很多附加成本。而如果不将产品出口，就有可能引起国内燃油市场的价格崩盘，对于石油公司来说，选择花费两倍的运输成本将产品出口才是更明智的选择。

另外，也许会有读者提出，既然现在日本国内的石油提炼设备产能过剩，那么是否应该稍微精简一些设备呢？石油公司之所以没有那样做，是因为考虑到以中国为中心的亚洲地区在今后将会逐渐扩大对石油产品的需求，为了能够在那个时候保持足够大的产量，所以才做出了维持现有产能的选择。

其他国家的石油公司也对亚洲地区石油产品需求的扩大虎视眈眈。比如沙特阿拉伯和法国的石油公司，向位于原油产地阿拉伯与消费需求不断扩大的亚洲（特别是中国）之间的印度的石油产业投入了大笔资金，将印度作为其石油产品的出口基地。

即便是石油提炼设备产能过剩的日本，如果将石油提炼设备拆除后重建，所需要消耗的成本也是巨大的。日本的石油公司在比较了维持现有设备和拆除重建两者各自需要的成本之后，认为维持现有设备所消耗的成本更小，因此才做出了维持现有设备的选择。

近年来，以甘蔗和玉米等植物作为原料，生产能够代替汽油的醇基燃料的研究，在世界范围内引起了广泛重视。这些利用植物中富含的糖类（淀粉等）发酵生产的酒精，被称为生物燃料，目前也可以作为汽车等机动车的燃料。随着原油价格的上涨，生物燃料开始进入人们的视线，一旦生物燃料普及，作为其原材料的农作物的价格恐怕也会大幅上涨。

原油与玉米，虽然看上去是两种完全不同的东西，但因为它们都含有可以提炼汽车燃料的成分，因此就会有套利发生。

原油价格不断上涨，促使生物燃料取代汽油的速度加快，同时也造成作为生物燃料原材料的农作物价格上涨。作为砂糖原料的甘蔗同样是生物燃料的原材料之一，因此当原油价格急剧上涨的时候，砂糖的价格会随之上涨，而需要大量使用砂糖的点心店的商品也会涨价，那么在原油与点心之间也会产生套利交易。

不只汽油，柴油也会出现同样的情况。以棕榈（油棕）、菜籽以及大豆中压榨出的油脂为原料提炼出来的生物燃料，可以作为柴油的替代品，为以柴油为燃料的汽车提供能量。当然，如果这些生物燃料的产量出现增长趋势，那么食用油（菜籽油）的升值是不可避免的。2007 年夏季，以蛋黄酱为主要原料的食品生产厂家都将销售价格提

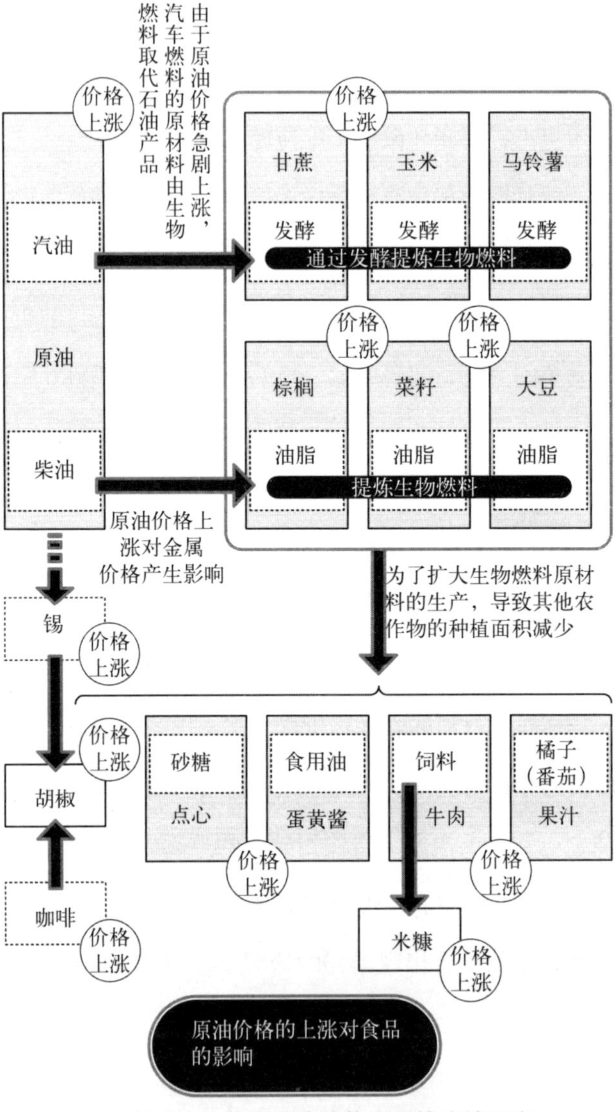

图 9–3　套利造成价格上涨的连锁反应

升了10%左右，就是因为食用油在蛋黄酱的成本中占有很大的比例。

如果作为牛饲料的原料的玉米价格上涨，那么一定会对牛肉的价格造成影响，如果将米糠拿来作为饲料的替代品，会导致对米糠的需求扩大，那么米糠的价格也会受到影响。

这种现象还会对其他许许多多的农作物价格产生影响。为了赚取更多利润，农民们会停止种植其他作物，转而大量种植能够作为生物燃料原材料的农作物，比如说将橘子园改成甘蔗园，果汁的价格就会上涨。

从海外大量进口番茄的可果美公司，就因为生物燃料的影响而难以补充货源，因此不得不加强与海外企业之间的合作关系。而实际上，可果美公司在2007年春天收购了葡萄牙的一家番茄加工企业。此前一直对海外原料供给企业的投资持消极态度的可果美，竟然转变了经营方针，由此可见生物燃料缺乏所带来的危机感之强烈。

原油价格与黄金价格一样，可以看作许许多多商品价格的风向标，因此原油价格的上涨，会影响到很多金属的价格，甚至连胡椒的价格都会受到影响。从2006年春季到2007年春季一年的时间内，胡椒的价格整整翻了一番。虽然也有很多农户选择种植棕榈和咖啡（咖啡的价格也在不断上涨），但因为锡的价格上涨，使得更多农户放弃种植转而去开采锡矿。

生产食品本身就需要消耗能源，原油价格上涨导致能源成本升高，食品的价格也会受到影响。同时，从附加价值部分的用途来看，也会对价格产生一定的影响。

日本有一个奇怪的现象，那就是在出口某种鱼类的同时，也从国外进口同种鱼类。这种鱼就是鲑鱼（大马哈鱼）。鲑鱼是日本天然出产的鱼类，而日本却将捕捞上来的鲑鱼大量销往中国，同时从挪威进口养殖的鲑鱼。

现在日本的消费者对于“天然的国产的”鲑鱼不买账，反倒认为“养殖的挪威鲑鱼”比天然国产的鲑鱼味道更好。因此，那些在日本捕捞上来的天然鲑鱼都被卖到中国的加工厂里面，而日本国内的回转寿司店内食用的鲑鱼则完全是从挪威和智利进口的。另外，从挪威运送新鲜的鲑鱼到日本需要空运，自然会消耗大量的运输成本。

虽然日本出产的小青鱼和大土豆在国内很没有市场，但是小青鱼在中国大陆、大土豆在中国台湾地区却深受喜爱，因此出口量急剧增长。正如日本出口汽车与家电产品的同时也从海外进口汽车与家电产品一样，石油产品、鱼类与农作物都有出口的同时也进口的现象。

想吃烤肉，你会选择去西餐厅还是去烤肉店?

如图 9–4 所示，消费者消费时的满意度大致可以分为两种，一种是从商品与服务的“功能”上获得的满意度，另一种是从某种“舒畅的心情”中获得的满意度。

比如我们在餐馆吃饭的时候，拥有椅子和桌子等就餐位置以及通过食物获得的营养补充，获得的都是产品或服务功能上的满意度。如果店内气氛优雅，店员服务周到，能够让人心情舒畅地享用美食，获得的就是情感上的满意度。

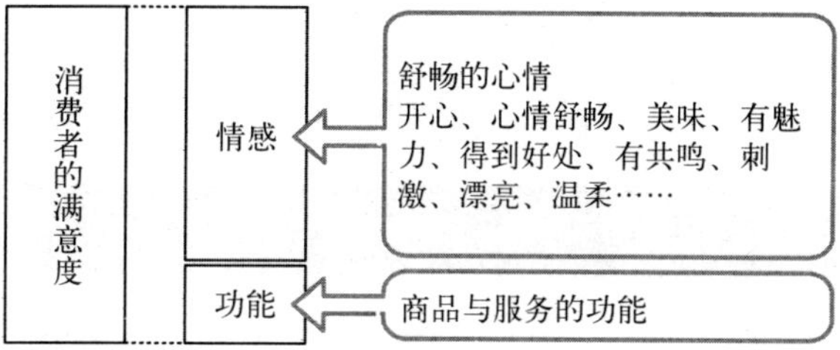

图 9–4　情感比功能对满意度的影响更大

虽然存在消费者通过功能获得大部分满意度的情况，但绝大多数商品或服务都是使消费者在情感上感到满意的。因此，从功能的角度考虑，需要摄取营养就吃饭，需要知道时间就看手表，需要遮羞就穿衣服。如果在满足这些需求的基础上，还能够做到饭菜味道可口或者衣服设计新颖，那么商家就会大幅提高价格。

比如说你今天想去饭店吃美味的烤肉，那么你会选择在西餐厅吃还是去烤肉店吃呢？我非常喜欢自助式烤肉店，因为在那里可以按照自己喜欢的分量品尝到许多种烤肉。但自己一个人去很难实现这一点，所以我会约家人、朋友或者学生，最少 3 个人一起去。

那些能够以很公道的价格吃到美味烤肉的自助式烤肉店，老板经常会说这样一句话："我在采购肉类的时候有个秘诀，所以能够以很低的价格进货。"关于进货的秘诀有多种多样，图 9–5 为大家介绍的是其中最基本的方法。

这个方法就是购买整头牛。购入一整头牛的话，虽然需要花费自己的精力去进行后期处理，但这样做不仅能够将牛身上所有的部位都充分利用起来，也能够让你为顾客提供物美价廉的烤肉，还可以稳定地获得一头牛身上价格相对昂贵的部位。

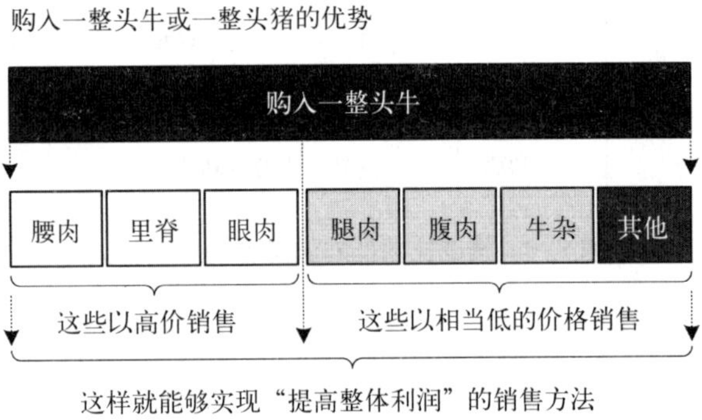

图 9–5 进货的秘诀

图 9–5 所示的是非常简单的分类，一头牛身上的部位可以分为腰肉、里脊、眼肉、腿肉、腹肉、牛杂等，如果腰肉、里脊和眼肉能够以很高的价格销售出去，那么就算牛杂之类的部位以相当低的价格销售，整体上一样能够获得可观的利润。

特别是在烤肉行业，既有销售最上等烤肉与牛排的高级店，又有物美价廉的普通店，如果高级店将眼肉之类的上等部位以较高的价格销售，那么在普通店中其他部位就能够以较低的价格销售了。甚至还可以将眼肉也分为三六九等，只把最上乘的眼肉拿到高级店销售，其他的眼肉则拿到普通店以较低的价格销售。

超市也通过这种进货方法，尽可能为消费者提供物美价廉的肉制品。著名连锁超市伊藤洋华堂与 7–11 便利店、丹尼连锁餐厅（Denny’s）

合作，成立了柒和伊餐饮集团，从2006年春季开始采购整猪。

原本超市进货的时候更偏重于消费者愿意购买的肉，如里脊，但是只采购里脊很难降低进货价格。柒和伊餐饮集团通过整猪购入，并将在超市中难以销售的部位交给便利店做成便当的做法，成功地降低了进货价格。

伊藤洋华堂与7–11便利店和Denny's合作的消息发布后，其扩大进货规模以降低进货成本的做法备受关注。这与之前我举的家电超市的例子相同，它们在进货时都追求"规模经济效应"。将一整头猪全部购入，将不同部位的肉分别放在超市、便利店以及快餐连锁店等不同的渠道销售的做法，也是"范围经济效应"的一种体现。

西餐厅与烤肉店在与消费者的关系方面有非常大的区别。我们将消费者品尝烤肉时的满意度进行分类，如图9–6所示。

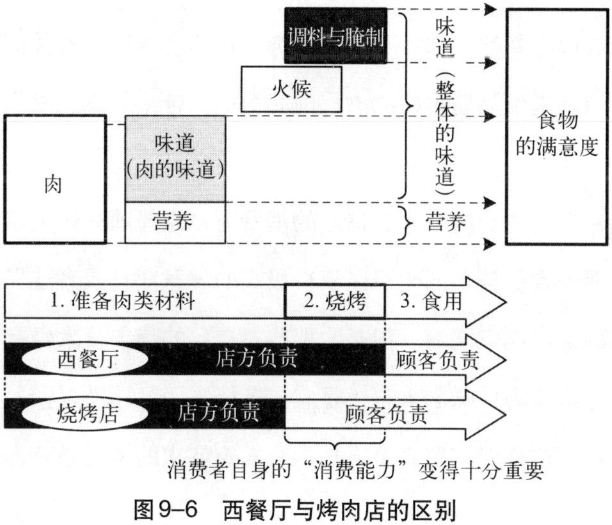

图9–6　西餐厅与烤肉店的区别

当然，从肉类当中获取营养能够使我们感到满意，但既然特意前往西餐厅和烤肉店，那就说明我们追求的是肉的美味。因此，饭店中食物的味道会对我们的满意度产生非常大的影响，如果调料不好或腌制得不好，或者火候不对，都会导致我们的满意度大幅下降。每一个细节都是非常重要的。

西餐厅虽然是由顾客指定火候的（八分熟、五分熟、三分熟），但调料的准备以及烤制工作都由店方负责，顾客只等着品尝即可。而烤肉店则是提供腌制好的肉类和烤炉等工具，选择吃哪种肉以及烤肉的工作全都由顾客自己负责。

能够提供非常美味的烤肉的西餐厅，因为聘请技艺高超的厨师需要花费很高的成本，所以料理的价格也很高。而烤肉店由顾客自己烤肉，因此节约了聘请厨师的成本，所以相应的料理价格也比较便宜。

但是，与西餐厅不同，在烤肉店消费的顾客的“消费能力”会对满意度造成很大影响。那些不擅长烤肉，也不会挑选调料并搭配的顾客，就算店铺提供品质再好的肉，由此给他们带来的满意度也是非常低的。

那些对自己的烤肉技术有信心的消费者，选择前往烤肉店能够在价格上获得一定优势，同时可以获得极高的满意度；或者选择在超市买肉，然后自己在家烧烤。但是，那些对自己的烤肉技术没有信心的人，以及追求烤肉口味的人，还是应该选择去西餐厅就餐。

像烤肉店这样对消费者个人技术有一定要求的情况还有许多，加油站就是其中之一。日本有许多自助加油站，我这几年也经常去自助加油站加油，但最开始去的时候真的感到十分紧张。

虽然习惯了自助加油以后发现其实操作起来很简单，但在2006年夏季日本汽油价格急速上涨的时候，很多人希望趁着油价便宜尽量多加点油，结果导致多起汽油溢出的危险事件发生，成为当时的一大社会问题，甚至还有一些粗心大意的司机引发了火灾事故。

一般来说，自助加油站的油价会稍微便宜一点，但实际上便宜的并不多。比较小心谨慎的人去自助加油站加油确实能够节约一部分成本，但是对于那些毛手毛脚和对加油机器操作不在行的人来说，还是去加油站请店员帮忙加油更好。

因人而异的“消费能力”，会引发各种各样的问题。比如自动售票机和银行的ATM机（自动柜员机）都普遍采用了触摸屏的设计，对那些熟悉操作方法的人来说更加方便，购票和提款的速度都变快了。

但是有很多日本老年人对触摸屏的操作非常不习惯。他们只能选择在人工窗口排队，等待很长的时间，还要支付比在ATM机上进行操作更多的手续费。对于老年人来说，就连家里那些高科技家电产品的复杂操作都使他们手足无措。

绝大多数情况下，企业针对消费者提供高科技性质的服务时，都是以平均的（或者说多数派）“消费能力”为前提，以减少平均的（或者说多数派）交易成本为目的的。因此，企业在向消费者提供更加便利的服务的同时，需要消费者自身做出应对这种变化的努力。

组装好的家具与回家自己组装的家具，买哪种更实惠？

这次让我们来设想一下购买家具时的情况。大部分家具都是通过各个零部件组装起来的。因为家具是要摆放在自己家里的，所以我们需要将购买的家具从商店（或者是工厂和仓库）搬回自己家中。同时，在购买前还要考虑这款家具是否能够摆放在自己安排好的位置，以及将来实际使用的时候是否方便。如果这些问题事先没有考虑周到的话，很容易在购买之后出现问题。我们将消费者在购买家具的时候所需要负担的成本，以及消费者满意度的组成要素进行分解，如图9–7中的上方图表所示。

左边是家具价格的分解要素，右边是消费者满意度的分解要素。消费者在满意度高于家具价格的情况下，才会购买这款家具，但最终很有可能因为价格过高而不太满意。

首先，家具的价格中包含“运输”与“组装”的成本。当然也有消费者自己组装与搬运的情况，在这种情况下，我们将消费者自身所消耗的劳动成本加在购买价格上，就可以计算出包含运输和组装成本的价格。

也就是说，在家具生产成本的基础上，加上组装的成本（有时候还要加上负责组装的企业的利润），就可以计算出组装后的家具的价格。再加上运输成本（有时候还要加上负责运输的企业的利润），就是消费者最终需要支付的价格。

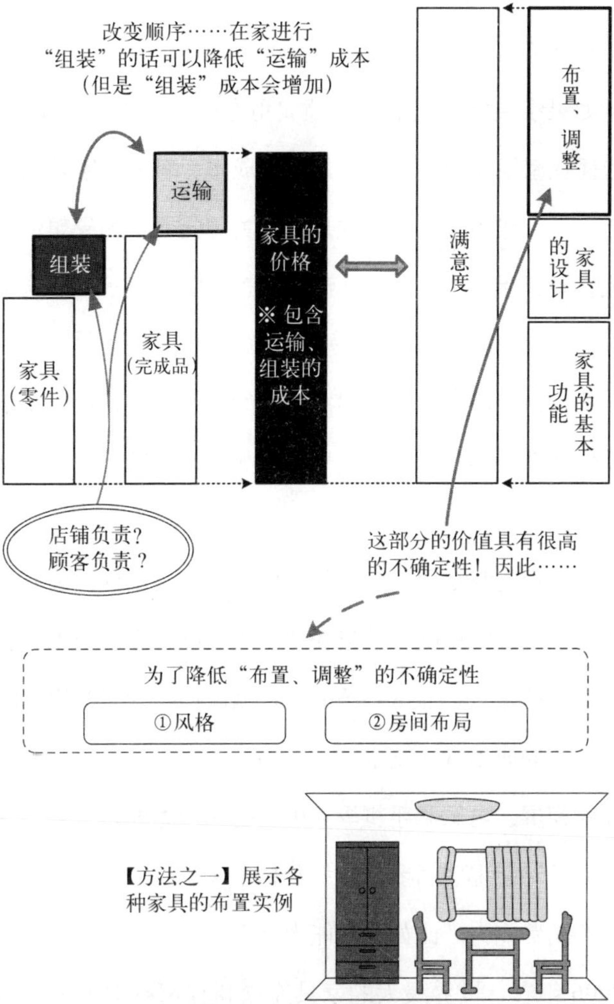

图 9–7　消费者对家具的满意度是由价格决定的

我家就有许多邮购的家具，送来的时候都是零件，需要自己动手组装。另外，我也在家具店买过充当展示品的家具，运来的时候就是组装好的。还有的时候我会将小型家具放在自己的车里直接搬回家。

先组装后运输和先运输后组装，两者之间的运输成本有很大的不同。像书架这样的东西，组装前的零部件用自己的汽车就可以运回来，而如果组装完成之后就必须雇用专门运货的卡车才能运回家里。但是选择在家组装，有可能增加组装成本。首先，家具的组装是由店内专业人士完成还是自己完成是一个关键问题，如果想请店内专业人士完成，就需要让他们来到自己的家里进行作业，那样人工成本会很高。

而选择自己组装的话，根据个人的技术水平，在成本上也会产生非常大的区别。另外，工作繁忙的人如果亲自动手组装的话，时间成本会很高。

比如笨拙的我在组装家具的时候，常常会出现组装到一半发现出错只能拆了重装的情况，结果花费了相当高的组装成本。我那已经去世的父亲生前是一个非常手巧的人，因此那时我家在家具的组装上只需要非常低的成本就能搞定。

在触摸屏、电脑和手机等新事物的使用方面，年轻人的消费能力更强。但是对于那些需要依靠经验积累来掌握的能力，老年人反倒拥有更强的消费能力，比如整理能力。

2006 年春，世界最大的家具连锁商宜家再次进军日本。很久以前宜家曾经进入日本市场，不过在 1986 年宣布退出。2006 年宜家又在日本开设了两家大型店铺，分别在船桥市（千叶县）和横滨市。当时第三家店铺计划开在神户市，据说随后还将在日本陆续开设多家分店。

诞生于瑞典的宜家以低廉的价格与富有北欧风情的家具而深受世人喜爱。位于船桥市的 1 号店开业时，杂志和电视对此进行了铺天盖地的报道，对于其价格如此便宜的秘诀，报道中是这样说的：

宜家将组装式家具都装在一个很薄的瓦楞纸箱中，存放在一个由很多架子组成的仓库之中。顾客只需要记下在店铺中看好的商品的编号，然后在仓库中找到自己想要的商品，自己从货架上拿下来送到收银台，自己带回家去组装即可。

店铺节约了运输和组装的成本，从而在价格上更加优惠。特别是组装式家具，宜家在家具设计的阶段，就尽可能使其包装能够呈扁平状。这样做，不仅节省了宜家将商品从工厂运输到店铺的成本，也节约了顾客将商品从店铺运输到家中的成本，可谓一举两得。

即便是对组装家具不在行的人，也可以请专人上门组装，不过会收取相应的费用。要求店铺送货，也需要支付费用，所以那些想在宜家购买便宜家具的人，最好自己运回家，自己组装，这样才能够真正享受到低价的实惠。因为每个人的“消费能力”不同，在宜家购买家具时所能够获得的实惠也各不相同。

宜家另一个吸引人的地方就是能够一目了然地展示家具布置的魅力。购买家具的消费者的满意度，除了取决于家具的基本功能和设计以外，更重要的因素是家具的布置与调整。

不管具备多么强大功能的家具，放置在一个狭窄的地方都无法充分发挥作用，放在一个不方便的地方还会碍事。另外，不管多么优秀的设计，如果不能与周围的布局协调一致，反而会给人留下非常差的印象。

家具的布置与调整充满很多不确定性，实际摆在家里的时候，有可能和自己设想的情况完全不同（我有过几次这样的失败经历）。而不管是拿回去退换，还是重新调整布置，都会产生很高的交易后成本。

销售家具的商家，为了降低消费者在家具布置和调整上的不确定性，首先会将商品的尺寸非常清楚地标示出来，并且准备很多展示布置风格的图片。但是，经常邮购家具和服装的人都有过这种经历，图片中的商品和实物的颜色会有一定的差别，而且单凭图片还是会有很多弄不清楚的地方，因此仅看照片是无法降低不确定性的。

针对这个问题，宜家在日本的 1 号店开业的时候，准备了 73 个样板间（2 号店准备了 69 个）供消费者参考。根据不同的年龄层、家庭构成和房间类型（起居室或者卧室）等，设计出种类繁多的样板间，在其中摆放整套家具。这种样板间确实能够降低消费者在实际布置家具时的不确定性。

宜家的样板间的布局总是在不断变化，因此消费者可以时常去宜家看看，一旦发现自己喜欢的设计，可以将样板间的所有家具都买回去，这样就不会出现摆在家里之后才发现不协调而后悔的情况了。就算不那么大手笔，也可以参考样板间中各种各样的设计，最后选择最适合自己家庭风格的家具，这一点宜家还是非常方便的。

宜家还会标示出购买样板间整套家具所需要支付的总价，消费者可以根据这个价格来控制自己的预算，这也是宜家吸引人的地方。我们在其他的大型家居商场中购买家具的时候，常常会先买一套沙发，再买一张床……不知不觉间就超出预算，最后不得不放弃一开始看中的沙发，重新选择更便宜的。

还有的时候因为害怕超出预算，最开始不敢挑选价格昂贵的家具，结果等都买完了才后悔。如果能够将一整套家具摆在一起，告诉你总共需要 10 万日元左右，这对你接下来的选择会有非常大的帮助。

与宜家样板间的做法类似，超市的食品卖场将某种料理的食材和调料等一起摆在货架上，为消费者提供参考的同时进行销售。这种方法被称为“展销”，能够在不降价的前提下快速提高销量。

真正了解顾客需求的商家更受欢迎

我在带着孩子去商店的时候，曾经遇到过两件事，给我留下了深刻印象，在这里向大家介绍一下。一个是儿童照相馆中的龙头企业爱丽丝工作室，另一个是我孩子就读的幼儿园旁边的回转寿司店。这两家店让我明白那些带小孩的家长们最关心的是什么问题。

首先来说一说照相馆的例子。在日本，孩子出生后，父母会拍摄许许多多的纪念照片来记录孩子的成长。我孩子的百日照等纪念照片都是在爱丽丝工作室拍摄的。其中拍摄第一张百日纪念照时给我留下的印象最为深刻。

图 9–8 显示的是传统照相馆与爱丽丝工作室之间的区别。首先，

我们将儿童拍摄纪念照片时的满意度要素进行分解。在能够将照片完美地拍摄出来的大前提下，儿童的服装、动作以及面部表情就成了决定顾客满意度的最主要因素。

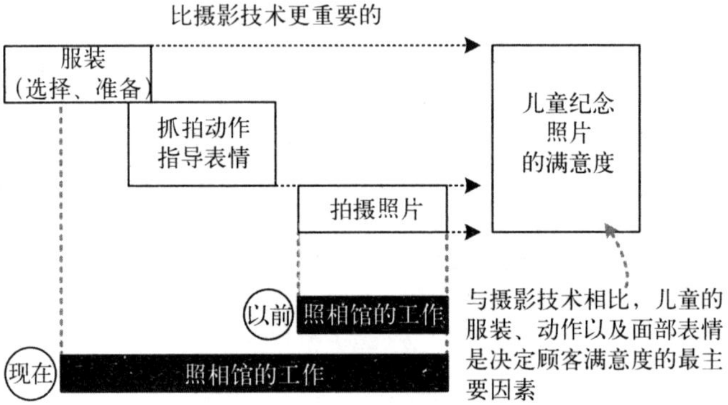

图 9–8　儿童纪念照片的满意度

现在自动对焦的相机已经普及，使用数码相机拍摄的时候，明暗度和色调的调整很容易完成，因此专业摄影师的高超技术对拍摄效果产生的影响已经变得很小。拍摄儿童照片的时候，要抓住那笑容最灿烂的瞬间非常困难，因此如何抓住那转瞬即逝的生动表情和自然的动作，或者说如何让儿童在照相机前做出那样的表情和动作，就成了最关键的问题。

以前的照相馆把儿童照相时所穿的服装和表情动作等准备工作都交给顾客负责。但是爱丽丝工作室精心准备了各种各样用来拍摄纪念照片的服装，而且这些服装都是免费提供的，拍照之前的化妆等服务也都是免费的。

我带孩子去爱丽丝工作室拍照的时候，除了孩子自己身上的衣服之外，还可以租借桃太郎的服装拍摄端午节的纪念照片，背景也可以任意选择，还可以和迪士尼卡通人物合影。如果提前预约的话，能够随意使用许多套服装和背景进行拍摄。

为了让那些爱哭的孩子能够在拍摄照片的时候展露笑容，店内的工作人员真是用心良苦。他们常常要一只手拿着乐器或者玩具来吸引孩子的注意力，另一只手则按住快门随时准备拍摄。

托他们的福，我的孩子才能够在百日纪念照上留下完美的笑容。爱丽丝工作室的女摄影师，都是在幼儿园当过老师的人，所以能够非常准确地把握孩子的心理。

摄影师们会为一组表情拍摄很多张照片，然后通过电脑显示出来，让顾客一边比较一边挑选，并且可以自己选择图片的大小。这种方法不但可以进一步提升顾客的满意度，并且很容易使顾客在不知不觉中选择更多的照片。

爱丽丝工作室喜欢在“玩具反斗城”连锁店的附近开设分店，这可以说是一个非常成功的策略（这种方式也很成功地降低了消费者的交易成本）。另外，2006年爱丽丝工作室开设了几家新的分店，店内准备了多个可供一家人更换服装的单间，提供为全家拍摄纪念照片的服务。现在爱丽丝工作室也开始提供成人典礼以及银婚纪念等面向成人的纪念照片拍摄服务。

随着数码相机的普及，前往照相馆拍摄照片的人比以前大幅减少，但即便在这样一个严峻的竞争环境中，只要能够准确地抓住顾客的消费心理，提高顾客的满意度，照样能够成功。

另一个事例是我和家人经常去的一家回转寿司店。我的妻子和孩子都居住在广岛市内，我每次回到广岛家中，我们都会带孩子去他最喜欢的寿司店。这家店的寿司本身就很好吃，更重要的是，店内专门为儿童提供的服务让我非常感动。

在我们刚一走进这家紧挨着幼儿园的回转寿司店时，店员立刻告诉我们“店内有专为儿童准备的不加芥末的小块寿司”，于是我们尝试着点了一份，店员拿出了图 9–9 中 B 所示的儿童寿司。不仅孩子很开心，我和妻子也很高兴。

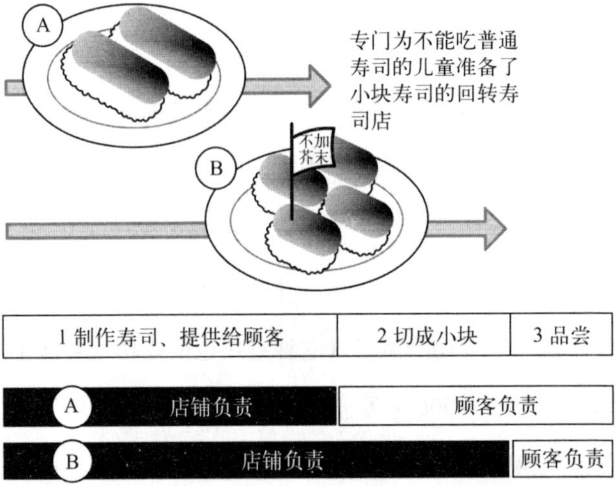

图 9–9　回转寿司店面向儿童的服务

以前我去其他回转寿司店的时候，都是自己把像图 9–9 中 A 所示的普通寿司动手切成一半，然后再给孩子吃。当时我的孩子只有 3 岁，普通寿司对他来说食用难度太大。但我的孩子很喜欢吃金枪鱼与大马哈鱼寿司，这些寿司切成两半非常困难。

如果店铺能够提供像 B 那样的寿司，就会大大减少家长的麻烦，使家长也能轻松品尝寿司。对孩子来说，自己能够和大人一样独自食用寿司，也会感到十分高兴。而且切成小块之后的寿司，不管是 4 块还是 6 块，都能够摆出很好看的形状，为顾客提供赏心悦目的消费享受。

本来回转寿司店只要准备标准大小的寿司就可以了，如果特意准备面向儿童的小块寿司，需要服务员花费更多时间。对于强调工作效率的回转寿司店来说，这是很难想象的，只有那些真正为顾客考虑的店铺才会提供这样的服务。而实际上这家店不但寿司的样子精美、种类繁多，味道也非常不错。

尽可能降低消费者的交易成本，提供便利的服务，从而吸引消费者经常前来光顾，是服务行业最基本的手段。但是，那些通过高效率实现低价格的店铺，需要做好采取这种方法后导致效率下降的心理准备，所以说要做到这一点实际上并不容易。当然，这里面最重要的一点是：一定要找到顾客真正需要的是什么。

复杂的手机资费方案

“免费送手机”的优惠措施其实是一个消费陷阱

在第四章中，我们已经介绍了手机资费方案为什么那么复杂。事实上不仅 NTT DoCoMo 和 au 公司的资费体系十分复杂，软银通信公司的资费体系也并不简单。但是，软银却总是给人一种在努力简化主要资费方案的感觉。在这里，针对手机话费，将第四章中没有涉及的问题进行一下补充说明。

很多人认为，通信公司通过复杂的资费体系实行差别定价的做法，很难在将来继续实施。正如前文已经说明的一样，在市场竞争越发激烈的情况下，企业想要实现差别定价的难度很大。

在通信市场上，多家强有力的企业都在进行激烈的竞争。通过频繁的电视广告与街边的宣传活动争夺顾客。特别是 2006 年 10 月 24 日开始实行电话号码保留制度以后，日本的手机用户可以在电话号码不变的情况下更换手机服务运营商。这项制度的施行，使得各公司之间的顾客争夺战变得更加白热化。

即便如此，日本的通信公司依旧能够实行差别定价策略，因为实际上这些公司在价格上的竞争并没有我们想象中的那么激烈。虽然并没有实现垄断，但目前这种只有少数几家竞争力强的企业控制市场局面的行为被称为寡头垄断，日本的手机服务市场就是寡头垄断的典型例子。

在寡头垄断的情况下，比如只有 2~3 家竞争力强的企业时，各家企业的产品定价会在彼此之间产生非常大的影响。因此，这些公司不会单纯地进行价格竞争，而常常在其他方面展开竞争。虽然也有发生激烈的价格竞争的时候，但在价格竞争中，它们会时时观察对方的反应（害怕对方采取报复行动），从而小心谨慎地做出选择。事实上，日本的通信公司之间的价格竞争，往往给我们一种非常平静的感觉。

在日本，高性能手机的价格都非常便宜。实际上价格在 5 万 ~7 万日元的新款手机，只要 2 万 ~3 万日元就能搞定。而稍微老一点机型的手机几乎都是免费的。之所以会出现这种情况，是因为通信公司为了吸引手机用户加入自己的网络，为每位顾客提供每台 3 万 ~4 万日元（有时甚至达到 4 万日元以上）的销售优惠。

这样我们在购买手机的时候，就能够以 2 万日元购买到一台标价为 6 万日元的手机。其中 4 万日元的差额，就是通信公司给我们的优惠，而它们可以通过我们的手机话费来收回这些成本。

图 9–10 显示的是稍微老一点机型的手机以几乎免费的价格（比如 1 日元）销售的例子。手机店以 4 万日元左右的价格从生产商处进货，加上 8 000 日元的销售利润，最后的定价是 4.8 万日元。

但是，因为马上又要推出大量新机型，这些老款手机很快会被淘汰，通信公司为了尽快处理掉这些库存，每台给予 4.8 万日元的优惠。这样一来，手机的费用完全由通信公司承担，消费者以几乎免费的价格，比如 1 日元，就可以买到一部手机。

对于通信公司来说，只要消费者能够购买手机与它们的服务，之后就可以从话费中收回促销的成本。假设一位消费者以 1 日元购买的手机可以使用两年，每个月通信公司能够获得 2 000 日元的话费利润，那么它 24 个月就能够收回 4.8 万日元的成本。而如果每个月能够获得 6 000 日元的话费利润，那么只要 8 个月就可以收回成本了。

但是，如果通信公司从顾客的话费中每个月收取 2 000 日元作为促销成本，那么从消费者的角度来看，比起没有销售优惠来，每个月的话费相当于高出 2 000 日元。

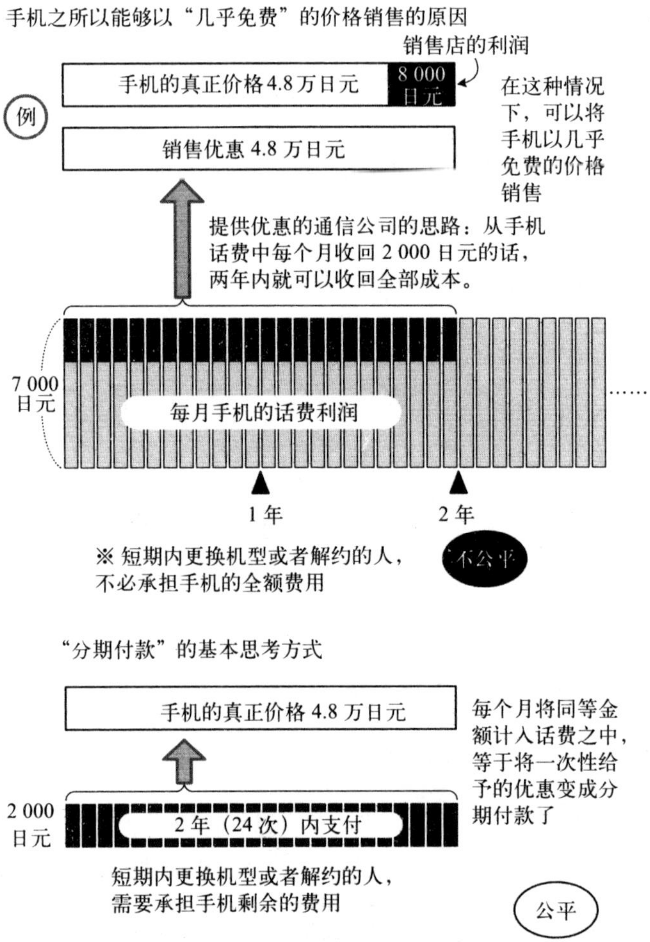

图 9–10　手机销售的特殊性

也就是说，手机话费一直居高不下，原因之一就是手机价格有如此高额的优惠。不管哪个通信公司每年都会提供很多优惠，因此必须将话费提高到一定程度才能维持收支平衡，这一点每家通信公司都十分清楚，所以它们之间不会真正进行价格竞争。

从每个月的话费之中收回促销成本的做法，对消费者来说是不公平的。比如每年都会更换手机的消费者，每年都可以享受优惠（虽然现在根据手机的使用期限，在更换机型的时候价格会有所变动，但不管什么情况下都有优惠）。而从购买手机之后就一直使用下去的消费者，则只能够在最开始的时候享受到优惠。而如果这两者每个月的话费金额都相同的话，那么很明显短期内频繁更换机型的消费者比一直使用同一款机型的消费者所获得的好处更多。

那些频繁更换机型的消费者有很高的信息感知度，对价格的变化也很敏感，因此他们属于在企业实行差别定价策略的时候应该以低价争取的那些人。也就是说，消费者对优惠利用的频率不同，实际上也可以看作一种差别定价策略。

软银一直在寻求解决“过高优惠”这个问题的办法。软银曾推出由消费者分期支付手机费用的“分期付款”策略，将其他通信公司几乎免费销售的旧款手机，以分期付款的方式销售给消费者。

如图 9–10 中下方图表所示，将价格 4.8 万日元的手机以 0 日元的首付销售给消费者，之后消费者每个月付 2 000 日元，分 24 次付清。但是，在当月偿付了 2 000 日元的前提下，如果手机话费达到一定额度，那么这 2 000 日元将作为话费返还给消费者。因此，如果消费者能充分利用手机，那么最终的结果还是免费得到了一部手机。

将购买手机的费用分期，就是将优惠也进行了分期，但优惠本身并没有取消。不过，在消费者更换新机型的时候，需要将分期的那部分金额从话费之中扣除，然后自己承担剩余部分的手机费用。

在分期付款的情况下，如果用户只偿付了一半手机费用就打算解约或者更换机型，他将不再享受最初给予的优惠。也就是说此时的手机不是免费的，而是实际价格 4.8 万日元，用户需要支付剩余的手机费用才可以。在前面所举的那个例子里，用户需要付清剩余的一半金额——2.4 万日元，否则就不能解约或更换机型。

也许有人认为这是一种价格欺诈，但实际上从用户之间的公平角度考虑，这种分期付款的方式是非常合理的。对于过高的销售优惠问题，NTT DoCoMo 和 au 公司已经开始着手研究对策，比如不享受优惠，但是每个月的话费将会便宜两成等方法，为现行的销售优惠制度下的资费体系提供了更多选择。另外，上述两家公司似乎也开始考虑采取分期付款的方式了。

但从目前的情况来看，依旧存在着高额的优惠。而且如图 9–11 所示，消费者通过 A 通信公司提供的优惠以几乎免费的价格购买到的手机是“A 公司专用”的手机。在这个消费者更换成 B 公司的服务时，这台手机是无法继续使用的。

本来，只要将手机中用来识别用户信息的 SIM 卡换掉，手机应该是可以随意使用的。但是日本在售的手机中全都安装了一个叫作“SIM 锁”的东西，使得用户无法更换 SIM 卡。只要有 SIM 锁存在，日本的通信公司就可以通过各种方法提高交易成本，在回避价格竞争的同时实行差别定价策略。

回顾日本的手机产业发展史我们会发现，通信公司为消费者提供高额优惠的做法，与日本手机的高性能有非常紧密的联系。因为日本的绝大多数手机用户都能够以低廉的价格购买到高性能的手机，所以他们时刻追求具有更高性能的手机。生产厂家为了迎合消费者的这个心理，也不断推出具有更高性能的新产品。

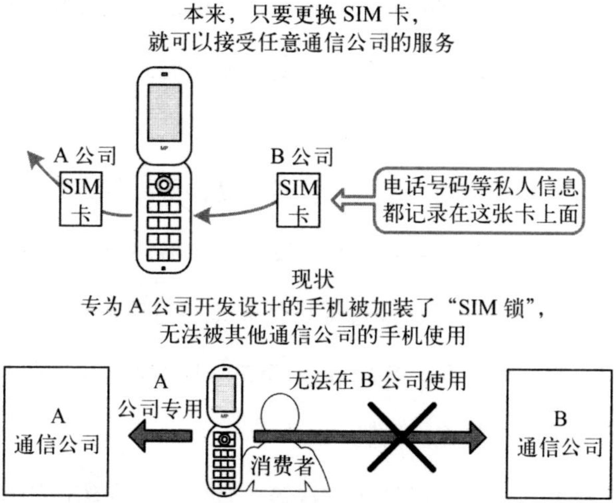

9–11　无法使用其他通信公司的服务的手机

但是，在世界范围内的数码相机市场上拥有压倒性优势的日本企业，却在海外的主流手机市场上完全没有竞争力。比如在现在手机拥有量就远超日本且将来还有更大发展空间的中国市场，日本企业生产的手机的市场占有率极低，最终不得不退出中国市场。2006 年年末，中国的手机使用人数超过 4 亿，每年销售的新品手机数量达到 1 亿台以上（是日本每年销售数量的几倍）。

我们可以非常简单地思考一下，日本企业生产的手机在国内销售的时候，如果售价是 2 万日元，那么企业就算花费 4 万日元的成本也一样能够获得利润，因为 NTT DoCoMo 之类的通信公司会提供 4 万日元的优惠。

所以日本的手机并不是由生产手机的企业主导和开发的，而是由像 NTT DoCoMo 之类的通信公司来主导和开发的。因为有 SIM 锁的存在，所以只能为指定的通信公司生产手机，而且因为这家通信公司会承担所有的责任，所以制造商只要根据通信公司的要求进行相应的开发和制造即可。

而且，新品销售的周期很短，春、夏、秋、冬每个季节都会有许多种新品发售，制造商必须不断开发市场。另外，新品推出之后原来的旧机型，通信公司也会通过提供优惠来将这些库存产品销售出去。在日本国内享受着如此舒适的商业环境的手机制造商，在面对严峻的世界市场竞争时自然无法取胜。

在手机的生产中，应该也存在第二章中详细介绍过的规模经济效应。比如数码相机在日本国内市场无法取得更高销量的情况下，通过对外大量输出实现规模经济效应，实现了低价格与高性能的共存。而与之相比，手机主要面向的是日本国内的消费者，所以并没有充分发挥出规模经济效应。

正如我们在前文所说的，日本的数码相机制造商在世界范围内都拥有压倒性的优势，但是如果算上带有数码相机功能的手机，那么世界销量排名第一的企业并不是日本的制造商（佳能和索尼等），而是在世界手机市场占有率第一的诺基亚（芬兰）。现在是手机、数码相机和音乐播放器整合的时代，因此日本制造商生产的手机在国际市场丧失竞争力所造成的负面影响，也许比我们想象的更加严重。但是，在手机零部件的生产上，日本拥有几家世界占有率第一的制造商，可以说拥有非常强的国际竞争力。

NTT DoCoMo 和 au 这些通信公司，在我们购买手机的时候所提供的优惠，从短期来看对消费者是一件好事。但从长远的角度分析，这不但导致了更高额的话费，而且因为没有数码相机那样的规模经济效应，使得手机的价格也居高不下。日本的手机制造商、通信公司以及政府，应该对这个问题足够重视，并且找出解决办法。

通信公司之所以能够成功实行差别定价策略的另一个原因，就是通过交易成本将用户与自己紧紧捆绑起来。如果消费者想要更换通信公司，需要付出大量的交易成本。

因为有 SIM 锁，消费者在更换通信公司时需要重新购买手机，而且办理各种手续需要很多时间。虽然实行了号码保留制度之后消费者可以不必更换号码，但是电子邮箱地址却是必须更换的。将新的信息发邮件给朋友是一件非常麻烦的事。而且，想要保留原有号码的话，还需要支付 8 000 日元的手续费和花费额外办理手续的时间。如果不愿意花钱或者嫌麻烦的话，那就要挨个通知朋友自己的号码换了，也会很麻烦。

因为有这么高的交易成本，所以就算其他通信公司稍微调低话费金额，也很难争取来客户。而且这些通信公司，除了 SIM 锁之外，还设置了其他障碍，增加用户更换通信公司时的交易成本。

例如，使用时间越长基本话费折扣越高、消费积分、累积免费通话时长、下载的音乐等资源，这些在更换通信公司之后无法继续使用

(只有选择软银的服务可以继续使用其他通信公司的折扣)。特别是在号码保留制度实行之前，各大通信公司都推出了累积免费通话时长的服务，就是为了提高用户更换通信公司的交易成本。

面向家庭用户的各种折扣，也是出于同样的目的。因为享受了家庭用户优惠服务，如果家庭成员中有一个人想要更换通信公司，那么其他成员必须全都更换才能够继续享受优惠服务（但是这样做相当麻烦），因此无形中提高了更换通信公司的交易成本。

像这样的例子不胜枚举，虽然无法在这里一一介绍，但实际上还有很多用来阻止用户更换通信公司的提高交易成本的做法。对此有兴趣的读者，可以仔细阅读一下各个通信公司的宣传手册，一定会有所发现。总之，各个通信公司都在不遗余力地将用户留在自己的服务范围之内。而这样做的作用，就是保证它们顺利地实行差别定价策略，也正因为如此，通信公司才可以在消费者购买手机的时候提供如此大的优惠。

固定资费制度是一种变相的降价策略

目前日本的手机市场已经饱和，今后各个通信公司之间相互争夺用户的竞争将会更加激烈。这样一来，也许再也无法通过复杂的资费体系来实行差别定价了。

实际上，在通信公司间的降价竞争被激化的情况下，最佳的解决办法之一就是“固定资费制度”，比如“只要每个月固定支付3 000日元的基本话费，那么不管打多长时间的电话都不必再支付通话费用”。

即便实行固定资费制度，只要基本话费定得够高，通信公司依旧能够获得很大利润。但是在价格竞争激烈的情况下推出的固定资费制度，很难将基本话费定得过高，通信公司可能无法从中获得足够多的利润。

另外，因为固定资费制度非常简单，所以无法采取像第四章中那样的差别定价策略。虽然也可以采用其他方法实行差别定价，但是因为无法实行最有效果的差别定价策略，所以通信公司的利润率很有可能得不到保证。

与手机企业进行市场竞争的小灵通公司，它的用户之间的通话就采取固定资费制度。只要每个月支付 2 900 日元的基本话费，所有小灵通用户，都可以实现不限时长的通话（但是拨打固定电话和手机的时候还是需要支付话费的）。虽然话费并不是完全固定的，但非常简单，而且便宜。

针对手机，也有推行一部分固定资费制度的通信公司。这家公司就是软银。其前身沃达丰公司（Vodafone）在 2005 年 11 月推出了“家人通话固定资费”和“情侣通话固定资费”等话费套餐。虽然要求通话双方都使用沃达丰的手机，但前者可以指定家族成员，后者可以指定任意一人，每个月只需缴纳 315 日元的固定资费，就可以实现不限时长的通话。

正如第四章所说的，通信公司对朋友、恋人以及家人之间的通话收取低廉的费用是合理的。但前提是随着通话时间的增加，话费收入也会增多。而实行了固定资费制度之后，不管通话时间增加多少，通信公司都无法增加收入。对于通话时间最长的用户每个月只收取315日元，这个价格是不是有点太便宜了？

从这种意义上来说，“家人通话固定资费”和“情侣通话固定资费”，会给通信公司造成非常大的损失。在世界范围内都很成功，唯独在日本手机市场举步维艰的沃达丰公司，为了从其他通信公司手中争取用户，不惜大幅削减利润也要将用户留在自己这里，于是毫不犹豫地采取了上述两种固定资费制度。也许它认为从躲在高交易成本形成的保护屏障后面的NTT DoCoMo和au公司手里夺走用户，必须采取如此强有力的优惠措施吧。

但是，最终结果是沃达丰在日本的手机事业被软银收购，而软银则在号码保留制度实施前，以其他形式推出固定资费制度。这件事情的整体经过如图9–12所示。

在号码保留制度开始实施前的2006年9月份，日本手机市场占有率排名第一位的是NTT DoCoMo，占56%，第二是au，占28%，第三是软银，只有16%。其中au的统计数据中包含au旗下的KDDI收购的Tu-Ka所拥有的市场份额。

图9–12显示的是从宣布实行号码保留制度到号码保留制度正式实施之间所发生的大事编年表。软银在号码保留制度正式实施之前，推出了三种新的资费方案。这三种资费方案分别是“金色方案”、“蓝色方案”与“橘色方案”，而且在短短几个月后的2007年1月陆续推出了“白色方案”与“W白色方案”。

通信公司的市场占有率（实施前，2006 年 9 月末）

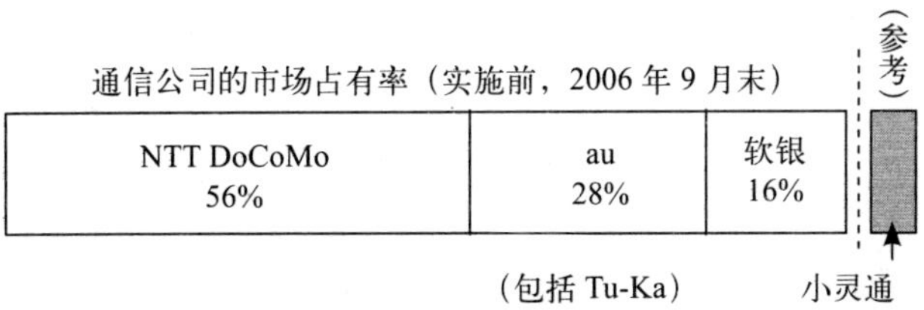

号码保留制度实施前后的动向

2004 年 5 月	实行号码保留制度的时间表公布	
2005 年 4~10 月	沃达丰公司公布面向指定对象的固定资费制度	
2006 年 3 月	软银宣布收购沃达丰公司	
2006 年 6 月	au 宣布无限期累积免费通话时长	
2006 年 10 月	23 日	软银宣布新的资费方案
	24 日	号码保留制度正式实施
2007 年 1 月	5 日	软银宣布“白色方案”
	25 日	软银宣布“W 白色方案”

图 9–12　号码保留制度实施前后的竞争

在这些新的资费方案中，“金色方案”与“白色方案”都包含部分固定资费制度。关于这两种资费方案将在后文讨论，首先让我们看一下“蓝色方案”和“橘色方案”。

软银的“蓝色方案”与“橘色方案”几乎完全模仿了 NTT DoCoMo 和 au 的资费方案（甚至可以说一模一样），而且在此基础上还降低了 200 日元的基本话费（算消费税的话就是 210 日元），这样一来，新入网的用户如果选择软银的服务，在话费上必然比其他两家公司更便宜。

但实际上这种促销措施并没有增加多少用户，这使软银感到非常苦恼。指定通话对象的优惠服务如果利用得当，能够节约大量通话费用，但这种节约话费的效果，需要通话双方都加入同一家通信公司的网络才能够显现出来。当然，市场占有率最低的软银在这方面的竞争力与拥有最高市场占有率的 NTT DoCoMo 相比处于绝对的劣势。

但是一向倡导低资费的软银，做出了“只要 NTT DoCoMo 和 au 宣布降低话费，软银必将在 24 小时之内同样降低话费进行对抗”的宣言。让我们来分析一下这句话。

既然做出了如此坚决的战争宣言，看样子软银是打算在降价竞争中与竞争对手一战到底了。但是，在收购沃达丰公司时就已经背负了巨额债务的软银十分清楚，如果降价竞争进一步激化，那么同拥有雄厚资金实力的 NTT DoCoMo 和 au 相比，自己完全没有胜算。

所以软银实际的意思是不希望 NTT DoCoMo 和 au 与自己进行降价竞争，这也是软银发表这种宣言的真正目的。为了防止 NTT DoCoMo 和 au 采取降价竞争的手段，事先威胁对方：“如果你们降价的话，我们也会降价，为了防止大家的利益受损，最好大家都别降价。”

但是，在市场占有率和资金两方面都处于劣势的软银，就算把话说下了，也很难对 NTT DoCoMo 和 au 产生效果，因此才破釜沉舟地提出“必将在 24 小时内同样降低话费进行对抗”。所以说软银的这种宣言，并不是为了展示自己在降价竞争之中的自信，而是为了对 NTT DoCoMo 和 au 采取降价竞争方式进行的一种牵制。

“蓝色方案”与“橘色方案”本身就是为了牵制 NTT DoCoMo 和 au 而提出的，软银的主打资费方案是“金色方案”和“白色方案”。

固定资费制度的副作用

在我们分析软银的主打资费方案之前，先来思考一下宽带资费的问题。在过去 10 年间，日本宽带家庭用户出现了爆发式的增长，最开始的宽带资费，一般都是按照上网时间计费的。但是随着竞争变得愈发激烈，固定资费制度成为主流，费用也大幅降低，因此家庭宽带才得以迅速普及。

由此可见，各种手机话费制度很有可能最终演变为固定资费制度。虽然实行便宜的固定资费制度，对消费者来说是一件大好事，但遗憾的是，这里面存在着一个不可忽视的问题，这也是很多人认为将来手机无法完全实行固定资费制度的原因。

在号码保留制度正式实施前软银推出的“金色方案”和“白色方案”，虽然只是一种部分固定资费制度，但我们仍然可以通过这两项资费方案找到固定资费制度的根本问题。

“金色方案”因为种种原因没有得到消费者的好评，软银为了扭转这种局面推出了后续的“白色方案”作为主打资费方案。追加了更多优惠的“W 白色方案”，可以说对消费者是非常具有诱惑力的。

即便如此，软银的固定资费制度与之前介绍的小灵通的固定资费制度相比，还是有不足的地方（当然也有优点）。图 9–13 是对小灵通的资费方案与软银的资费方案进行的对比。

两者并非完全采用固定资费制度，根据不同的条件或时间，通话费用有所不同，因此应该被称为“部分固定资费制度”。两种资费方案最大的不同在于，软银“晚上 9 点到凌晨 1 点的时间段内，不实行固定通话制度，而且就算是软银用户之间的通话也要支付每分钟42日元或21日元的通话费用”。小灵通用户之间的通话，不管什么时间都享受固定通话费用，不管打多长时间费用都一样。而且小灵通为了同软银的“W白色方案”进行对抗，还提出了服务几乎完全一样但价格更加便宜的资费方案（本书中只列举了其传统的基本资费方案）。

以小灵通与软银近似固定资费制度的资费方案为例
（根据2007年5月时的信息进行比较）

小灵通　还有与软银“W白色方案”几乎相同的资费方案

基本话费	通话费用		
2 900日元	拨打小灵通免费	拨打固定电话21日元/分	拨打手机26.25日元/分

软银【白色方案】

基本话费	通话费用	
980日元	网内（1～21点）免费	网内（21～1点）42日元/分

软银【W白色方案】　白色方案+W白色方案（优惠）

基本话费	通话费用	
1 960日元	网内（1～21点）免费	网内（21～1点）21日元/分

“白色方案”与“W白色方案”中关于家庭成员间的通话都是24小时免费　白色家庭24

图9–13　手机难以实现完全固定资费制度的原因

虽然在基本话费上也有一定的区别，但软银与小灵通相比最大的优势在于软银拥有更多的用户。正如图9–12所示，2006年9月时，与作为对照的小灵通用户人数相比，软银的用户人数要多很多。

虽然小灵通实行了部分固定资费制度，但是由于受到其自身用户人数有限的制约，真正能够实现免费通话的对象很少，这一点成为小灵通最大的劣势。但也因为如此，小灵通才能够在基本资费方案中不设置像软银那样的时间限制，从而对所有小灵通用户实行完全固定的话费制度。

同样的道理，在手机市场上，软银的市场占有率与NTT DoCoMo和au相比处于劣势，所以才敢提出软银用户之间免费通话的部分固定资费制度。因为软银的用户每个月可能有大部分时间都在与其他通信公司的用户通话，而这部分通话不是免费的，所以就算实行了“白色方案”，最终软银每个月的利润也不会出现大幅下降。

另一方面，如果市场占有率高的NTT DoCoMo也实行与“白色方案”类似的部分固定资费制度，基于NTT DoCoMo用户之间免费通话的比率会相当高，最终就会导致话费收入大幅下降。所以说，“白色方案”是只有手机市场占有率最低的软银才能够实行的资费方案。

对于软银为“白色方案”设置通话时间段限制的原因，让我通过简单的数据来进行说明。我们假设有一个20名用户的资费方案。图9–14显示的是这20名用户在一天之中使用手机通话的时间段。

午夜12点到凌晨1点之间通话的人有4个，接下来的1小时就只有两人使用手机通话。从凌晨4点到6点的这段时间没有任何人通话。白天的时候使用电话的人数如图9–14所示比较稳定，到了夜晚使用人数开始增加，晚上8点时4人，晚上9点时6人，晚上10点时达到最多的7人，晚上11点时下降到5人。

那么，通信公司应该准备几条通话线路呢？根据使用人数最多的时间段来看，需要准备7条以上的线路才行。如果再留出一些余地的话，就应该准备 8 条线路。图 9–14 中①位置的虚线就是准备 8 条线路时的情况，一天中绝大部分时间的线路使用率都没有超过一半。

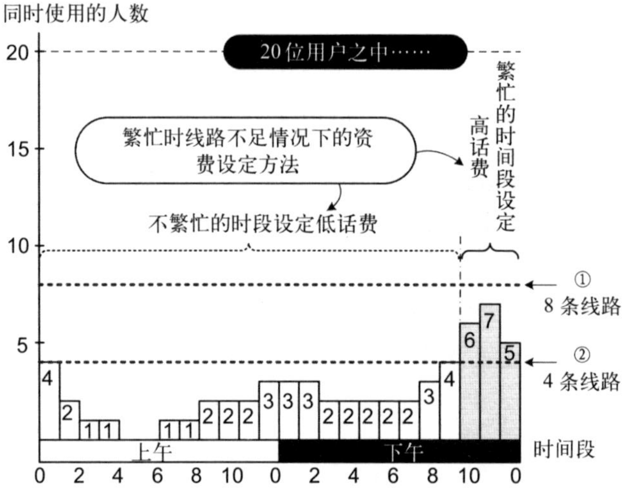

图 9–14　不同时间段用户人数与线路数的关系

如果铺设通话线路所需要的设备成本很低的话，那么通信公司自然是铺设越多的通话线路越好。但是在铺设通话线路的设备成本非常高的情况下，又该怎么做呢？准备 8 条线路的话，通信公司要为大部分时间内都用不上的线路耗费相当大的成本，这样就需要提高话费金额。

所以，通信公司经常采取这样的解决方法。如图 9–14 中②位置的虚线所示，只铺设 4 条线路。但是在晚上 9 点之后的 3 小时线路繁忙时段，就会有人打不通电话。为了避免用户对这种情况产生不满，通信公司要让那些不一定非得在这个时段拨打电话的用户，尽可能地选择其他时段拨打。

当然通信公司不能一个个地去请求用户，所以只能通过话费来调整。在那些不繁忙的时间段设定低话费，繁忙的晚上 9 点之后的 3 小时设定高话费。这样一来，那些想要节省话费的人，就会选择在晚上 7 点左右拨打电话，而不是晚上 10 点的繁忙时段。像这种按照使用电话的时间段来调控使用者人数的方法，是资费设定中最基本的方法之一。

不只是电话，深夜时变得便宜的电费，暑假时价格上涨的机票等，在我们的生活中还有许许多多类似这样的定价方法。

让我们回到软银的“白色方案”上来。如果将最繁忙的晚上 9 点到凌晨 1 点的时间段的通话也设为免费，那么有可能会出现因为线路过于繁忙而无法接通的情况。关于这一点，小灵通公布的数据很有参考价值。实行无时间限制的固定资费制度的小灵通，发现在这种资费体系下的用户们有 55% 的人集中在晚上 9 点到凌晨 2 点的时段内通话。

年终岁尾的时候，因为有很多人会用手机拜年，导致线路异常繁忙，甚至会产生连续拨打 5 次电话都无法接通的情况。烟火晚会等很多人聚集的地方，也会因为线路的繁忙导致手机无法接通。发生灾害的时候每个人都无暇顾及话费的问题，会使线路繁忙的问题变得更加严重，甚至会出现一整天都打不通电话的情况。

如果一个拥有很多用户的通信公司在任何时候都提供免费通话，就会有很多人肆无忌惮地煲电话粥。这样的话，在通话比较集中的夜间时段，就会因为线路繁忙而导致电话难以接通。如果不补充线路设备，那么在年终岁尾和发生灾难的时候（或者烟火晚会的现场）出现的线路繁忙问题，将会变成一个每天都会发生的棘手问题。这会给用户们带来非常大的不便。

而且，因为通信公司实行了固定资费制度，那么不管用户增加多少通话时长，都不会增加通信公司的收入，所以就算知道线路繁忙的情况十分严重，通信公司可能也没有多余的资金去增加设备（线路）。最后，消费者可能会选择回归按照通话时长支付话费的传统话费制度，因为这种话费制度至少能够提供给他们稳定的通话线路和便利的通话条件。

实际上，在固定资费制度方面捷足先登的宽带连接服务，由于互联网上的高画质（大容量）视频越来越多，使得如何解决线路繁忙问题成为目前最大的问题。

比如说日本电话电报公司（NTT）提供的光纤宽带服务，虽然通过努力推销成功地扩大了市场，但是大容量数据的传输也变得越来越频繁。针对这种情况，日本电话电报公司决定将面向公寓的光纤宽带服务费用上调。

在这个世界上有很多人相信宽带服务会越来越快捷，而且价格也越来越便宜吧（宽带服务运营商就是通过让用户相信这一点来推销的）。所以对于绝大多数消费者来说，宽带服务的“费用上调”是难以接受的，这种情况在手机市场也可能存在。

软银从 2007 年 6 月开始，对加入“白色方案”的家庭用户之间的通话，实行 24 小时全免费的“白色家庭 24”优惠方案。因为家人之间的通话时间很容易受通话费用的影响而发生变化，所以对于通信公司来说打折是比较合理的选择，而提供免费服务则容易造成损失。

关于这一点，我同我的两名学生（大学三年级）进行了讨论。我是属于那种与家人的通话时间很容易受通话费用影响的类型，而那两名学生则认为，“和家人打电话大多都是把事情说完就挂断了，所以对通话费用根本没什么概念”。

也许因为家庭结构不同会有不同的情况，不过通信公司应该是进行过用户调查分析的，也许软银就是根据数据分析才做出了“即便实行家庭成员间的免费通话，也不会大幅增加晚上 9 点到凌晨 1 点时段的通话时长”这样的判断。仔细想一下就会发现，那些能在半夜还互相打电话的家人，一般在这种时候应该都是全家人在一起吧，所以这也许是非常讨巧的资费方案。

从今往后，各通信公司大概还会继续推出新的资费方案吧。随着号码保留制度的正式实施，一度以为被淘汰了的小灵通卷土重来，新兴的通信企业加入竞争，相信日本的手机市场还会发生更多变化。

通过互联网实现的免费通话等其他通信手段对手机市场也发起了挑战，如果这种新兴的通话方式得到普及，那么为了应对其所造成的线路繁忙现象，究竟应该由谁来负责增加设备就成了一个问题。关于电话费用，如果仔细思考一下，真的是个难题。

由于软银在 2007 年上半年连续推出了“白色方案”、“W 白色方案”以及“白色家庭 24”等吸引人的资费方案，迫使 NTT DoCoMo 与 au 不得不加入降价竞争。于是，NTT DoCoMo 和 au 分别在 2007

年 6 月与 7 月推出了“基本话费半价”的优惠。

不过，因为基本话费已经存在各种各样的折扣，所以就算半价实际上也没便宜多少钱。而且，享受半价优惠的前提是要签约两年，如果在两年内解约的话，需要支付高额的违约金（大约 1 万日元）。也就是说，这是为了留住用户才使用的优惠政策。

再看他们的宣传广告，上面用非常醒目的大字写着“基本话费半价”，但是其中的各种附加条款却是用上了年纪的人很难看清楚的那种小字写的。在此之前，通信公司的这种做法一直受到社会各界的谴责，但是通信公司仍我行我素，利用这种方法来诱骗那些粗心大意的消费者。

2007 年 6 月末，主要负责移动通信市场的日本总务省旗下的移动产业研究会，对复杂的资费方案、优惠服务和 SIM 锁等问题提出了改善建议。希望能够在今后对消费者权益的保护上有实质性的帮助。

禁止进口廉价的音乐激光唱盘，对著作权人有利还是不利?

几年前，定价在 3 000 日元左右的日本音乐激光唱盘（CD），在杂货店中只要 1 000 日元就能够买到。虽然这些都是亚洲其他国家制造的音乐CD，但是买来后你就会发现，里面甚至连日语歌词本都有，与日本产的音乐 CD 几乎没有任何差别。

这种 CD 被称为“环流 CD”，现在日本已经禁止环流 CD 的进口了。在实施禁止进口环流CD的政策之前，人们对于美洲与欧洲的歌手在美洲和欧洲发行的CD是否也包含在日本禁止进口的音乐CD范围之内这件事，展开了激烈的讨论。

美洲与欧洲的歌手将相同内容的CD在本国和日本同时发行的情况下，一般来说日本的CD价格更高一些。因此，那些不需要日语歌词本和日本版追加曲目的消费者，选择直接购买海外进口的CD会更便宜。这件事在之前是没有办法控制的，但现在可以通过禁止环流CD的进口来杜绝这种情况的发生。

对于环流CD的禁止，从名义上讲是对日本音乐文化的一种保护，但实际上真的是这样吗？从保护音乐文化的角度考虑，实际上应该保护的是那些创作音乐的作词家、作曲家以及歌手们的著作权。如果创作出了优秀的音乐，就应该让他们获得相应的报酬，充分鼓励他们的创作激情。因此，保护政策的重点应该放在如何增加著作权人的收入上（至少也应该减少他们由于盗版行为所受的损失）。

环流CD的存在对著作权人的利益造成的损失如图9–15所示。

需要支付给著作权人的“版税”，包括给作词家与作曲家的著作权使用费，以及歌手（演奏者）的版税。但是，根据商品的不同，这个价格会有非常大的差别。为了简化计算，在这里我们将支付给著作权人的版税都以价格的10%计算。

日本发售的CD是在日本生产制造的，著作权人与日本的制造商签订合约，如果每张CD以3 000日元的价格生产销售，那么著作权人将获得其中的10%，也就是300日元。如果是在亚洲其他国家同样很受欢迎的日本歌手的 CD，在亚洲其他国家也会发行与销售，因为每个国家的物价各不相同，所以不会选择直接进口物价相对较高的日本产 CD。

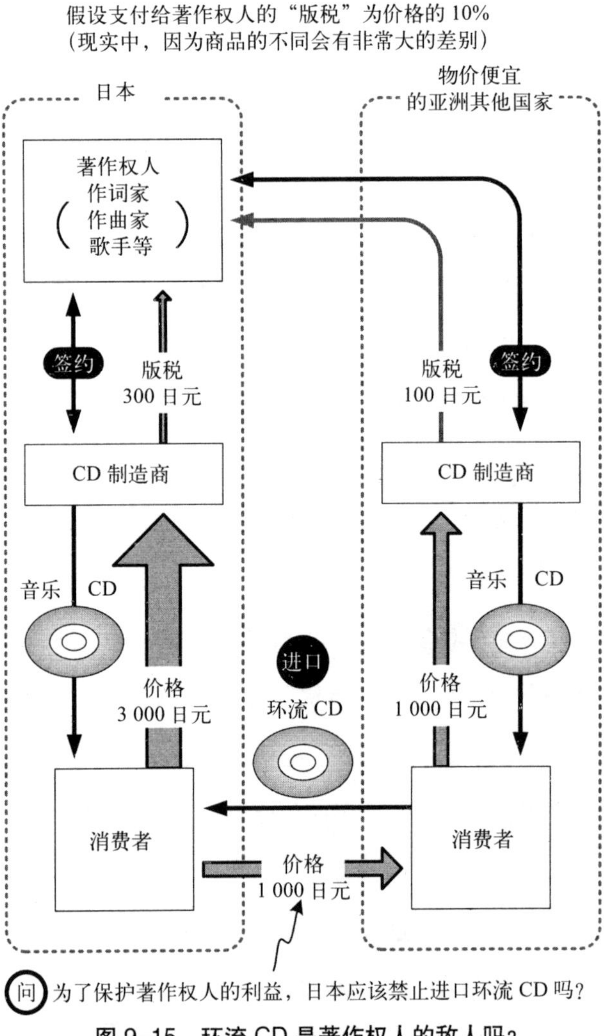

图 9–15　环流 CD 是著作权人的敌人吗？

这样，在亚洲的其他国家，就要将 CD 的定价按照当地的物价水平调整为每张 1 000 日元左右销售，著作权人需要与当地的 CD 制造商签订合约。如果每张 CD 以 1 000 日元的价格销售，那么著作权人将获得其中的 10%，也就是 100 日元。

因此，对于肯支付高价的日本消费者就高价卖给他们，而对于只愿意支付低价的亚洲其他国家的消费者就低价卖给他们，这实际上是一种差别定价策略。但是，同样的 CD 以不同的价格销售，很容易引发套利交易。在亚洲其他国家大量购入 CD（量大的话有可能以每张 800 日元的价格购入），然后拿到日本以 1 000 日元的价格销售。

在这种套利交易实际发生的情况下，日本的消费者能够以 1 000 日元购买到环流 CD。如果环流 CD 在日本大量销售，那么每张 3 000 日元的日本产 CD 就卖不动了。虽然不管销售哪种 CD 都要向著作权人支付版税，但是本国产 CD 每张要支付 300 日元，而环流 CD 每张则只需支付 100 日元，两者之间有 200 日元的差距。

从表面上看，这会损害著作权人的利益，于是日本政府决定禁止进口环流 CD。但是，如果从维护著作权人利益的角度考虑，禁止进口环流 CD 的做法实际上是错误的。

日本的音乐 CD，因为再版价格维持制度而无法降价，所以只能够以发行价销售（不过一段时间之后还是可以降价的），但是这种价格从全球范围来看是比较高的，如果能够买到从海外进口的 CD，很多人都会选择进口 CD。日本产 CD 的价格之所以居高不下，是因为日本国内的劳动力成本等其他费用都很高，如果将 CD 放在劳动力成本相对较低的其他亚洲国家制造的话，价格就会便宜很多，这正是环流 CD 价格便宜的原因。

像音乐 CD 这样的商品，规模经济效应对其的影响是巨大的，生产的数量越多，其平均成本就越低。如图 9–16 最左侧的图表所示，日本产 CD 的价格除了“版税”之外，还包括“生产销售的成本以及制造商和销售商的利润”，其中著作权人只能够获得 300 日元。由此可见，保护日本产 CD 的高定价，并非是为了维护著作权人的利益，而是为了维护那些消耗高成本生产与发行 CD 的制造商和销售商的利益。

就像其他行业的产品能够在中国等地以低成本生产一样，音乐 CD 也能够以非常低的成本生产出来。而且，将日本国内销售的 CD 和在亚洲其他国家销售的 CD 统一生产的话，还能够实现规模经济效应，进一步降低成本。这样一来，即便以每张 1 000 日元以下的价格销售，依旧能够保证每张 300 日元以上的版税收益。

如图 9–16 右侧图表所示。虽然每张环流 CD 的价格只有日本产 CD 价格的 1/3，但是版税金额却维持在 300 日元不变。如果通过降低销售价格来大幅增加销量的话，那么著作权人所获得的收益也会大幅增加。

结果，禁止进口环流 CD 的举措，保护的并不是著作权人的利益，而是日本国内 CD 制造商的利益。由于这种保护政策，使得消费者只能高价购买以高成本制造出来的音乐 CD，而消费者支付的多余费用，完全没有落入著作权人的口袋。

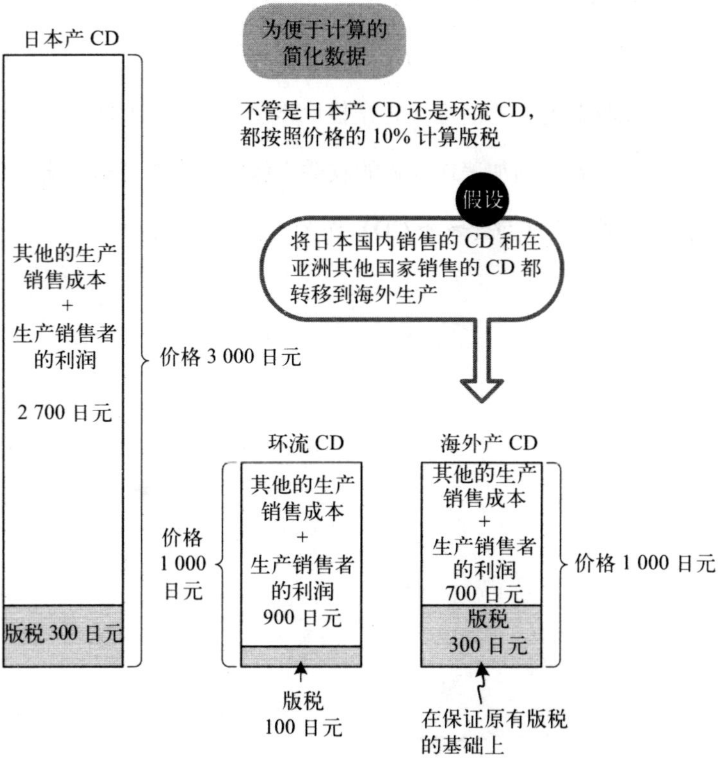

答

①禁止进口环流 CD 的举措，并非为了保护著作权人的利益，而是为了保护日本国内的 CD 制造商的利益。

②将日本国内销售的音乐 CD 拿到海外去大量生产，会使价格大幅下降从而获得更高的销量，著作权人的收益也会提高。（可以在保证不降低版税的前提下，降低每张 CD 的价格。）

图 9–16 禁止进口环流 CD 的制度才不利于著作权人

正如前文所说的那样，百元店里也有音乐 CD 和 DVD 等，虽然大部分是售价 210 日元或者 315 日元的商品，但以 105 日元的价格销售的音乐 CD 和 DVD 也是有的。虽然在质量上有一定的差别，但即便如此，3 000 日元和 105 日元相比，价格实在太过悬殊。

如果将百元店中的商品看作海外产的 CD，就可以证明在保证著作权人版税收益不变的前提下，销售价格便宜的音乐 CD 是完全可行的。如果真心想要增加著作权人的收益，保护日本的音乐文化，那么就应该将海外产的 CD（环流 CD）作为主要商品销售才对。

后记

聪明消费，享受美好生活

读到这里，读者朋友们应该都已经知道，我们的日常生活中购买的商品和服务，支付的大部分费用从广义上来讲，都是针对交易成本所付出的等价报酬。

对于提供商品和服务的企业来说，基本上都是通过降低消费者的交易成本来进行竞争的，从而尽可能多地吸引顾客以获取利润。因此，交易过程就是不断节约交易成本的过程。

也就是说，那些与他人拥有相同喜好和消费模式的人，更容易通过产业技术进步与经济结构变化，节约自己的交易成本。而那些与他人拥有不同喜好和行为模式的人，则不容易从中获益。

比如手机的普及会给很多人带来方便，那些使用频率大幅减少的公用电话开始逐渐消失在街头巷尾。据统计，公用电话的数量在近10年间减少了1/2。因此，那些不喜欢带手机的少数派，如果想要在外面打电话就会变得非常不方便（在外面打电话所需要支付的交易成本因此大幅增加）。

但是从另一个角度看，一旦出现资源短缺的情况，那些与他人拥有不同喜好和消费模式的人反倒更容易获益。

比如那些在线路不繁忙的时候打电话的人，不但能够享受更便宜的话费，还很容易接通电话。另外，在资源有限的情况下，那些不怎么受欢迎的商品的价格就会比较便宜，喜欢这些商品的消费者甚至可以用很低的价格买到这些东西。随着互联网和自由市场的发展，交换闲置物品的交易成本大幅下降，从而使这种情况变成可能。

如果我们知道哪种商品或服务容易受到规模经济效应的影响，就更容易从中获得利润。但是，对于这种产业今后会不会扩大需求也要做出合理的判断。

我在这里要强调的是，知道自己究竟在什么地方与他人不同，能够帮助我们减少浪费。

但是，这并不意味着为了获取利益就要强迫自己采取与他人相同的行为模式。即便节约了金钱，但是无法满意的话，对自己来说还是没有实现交易成本的节约。当然，处处都与众不同也会给自己的生活带来很多麻烦，这是一个不争的事实。实际上，很多人都拥有非常相似的爱好和能力，同时也有各自不同的爱好和能力。要说相似可能非常相似，但要说不同，也是相当不同，所以我们既没有必要去迎合周围的环境，也没有必要一定得展示出自己的个性。当然，有时候改变自己去适应环境是有一定好处的。

重要的是，要认清自己，究竟在什么地方是和其他人相同的，什么地方是和其他人不同的。能够在这方面对自己有一个正确的认识，你的生活就会变得更美好。

如果你能够在认清这一点的基础上采取行动，那么即便你没有什么特别出众的能力，也能够在工作中做出非常大的贡献。

如果各位读者在看完这本书之后，能够对今后的生活有一定的帮助，就是我最大的荣幸了。